KB178719

너는
생각보다
자소서를
잘 쓴다

| 일러두기 |

* 이 책의 내용에 대한 재사용은 저작권자와 주식회사 D3의 서면 동의를 받아야만 가능합니다.
* 잘못 만들어진 책은 구입하신 곳에서 바꿔 드립니다.
* Mind3은 주식회사 D3의 출판, 교육 브랜드입니다.

너는
생각보다
자소서를
잘 쓴다

-

제이콥

개정판 머리말

　이 책을 세상에 선보인지 햇수로 4년이 되었습니다. 그동안 취업 시장도 큰 폭으로 변화했습니다. AI 역량검사, 비대면 채용을 비롯해서 새로운 취업 기준이 제시되었고 이에 적응하기 위해서는 취준생들도 이전과는 다른 방식으로 생각해야 했습니다. 하지만 여전히 이 책이 유효하다고 생각하는 지점은 인사담당자가 원하는 역량을 가진 구직자, 그 역량을 잘 드러내기 위한 방법 등의 핵심적인 부분은 바뀌지 않았기 때문입니다. 현재의 취업시장의 상황에 맞게 책을 새롭게 해서 독자 여러분에서 선보이는 이유가 여기에 있습니다.

　이번 개정판은 구판에서 전달했던 정보를 보다 또렷하게 전달하는 데 초점을 맞췄습니다. 또한 진행하던 강의 내용 중 달라진 취업 시장에 맞게 바뀐 내용들을 보강했습니다. 이에 따라 구판에서는 다소 매끄럽지 못하고 실정에 맞지 않던 내용을 간추렸습니다. 또한 표와 요약을 통해서 잘 이해되지 않던 부분들을 보다 분명하게 되짚었습니다.

달라진 내용과 더해진 내용은 어떤 부분에 중점을 두고 자소서를 작성해야 하는지, 지금 내 상황에 맞는 자소서는 어떻게 써야 하는지 보다 쉽게 파악할 수 있도록 도움을 줄 것입니다. 부디 이번 개정판이 취준생이 자소서를 쓸 때 자신의 역량을 표현하고 취업이라는 문을 통과하는데 작은 도움이 되었으면 하는 바람으로 책을 엮었습니다.

취업에는 정답이 없습니다. 이 책 역시 수없이 많은 취업의 방법 중 하나를 제시해주고 있을 뿐입니다. 취업으로 향하는 여정이 마냥 순탄하지는 않을 것입니다. 그러나 모든 시련에는 끝이 있고, 여러분은 반드시 취업에 성공합니다. 이 책이 부디 그 여정에 있어 여러분이 돌부리에 걸려 넘어지지 않도록 한 걸음 앞에서 발 앞을 비춰줄 등불이 되었으면 좋겠습니다.

머리말

"나는 단언한다."

이 책을 다 읽는다고 해서 서류 전형에서 드라마틱한 합격률 상승은 없습니다. 하지만 이 책에서 제시하는 길을 걷는 것이 '최종 합격을 위한 가장 현명한 선택'인 것은 확실합니다.

이 책은 경험을 미리 정리해 두고 나에게 맞는 직무를 정해 빨리, 그리고 많은 기업의 자소서를 쓰는 것을 목표로 합니다.

"서류 전형의 '합격률'을 높이는 것이 우리의 목표가 아닙니다."

우리의 목표는 최종 합격이지 서류 전형의 합격률을 높이는 것이 아닙니다. 서류 전형은 모든 채용 과정 중 가장 신뢰도가 낮은 전형입니다. 반면에 취준생들은 가장 시간과 신경을 많이 쓰는 전형이기도 합니다. 그럴 수밖에 없는 것은 모두에게 기회가 주어졌기 때문입니다.

기업 인사담당자들은 채용설명회에서 자소서를 열심히 쓰라고 합니다. 취업상담사들도 자소서를 열심히 쓰라고 합니다. 취업 강의를 하는 온라인 강사들도 자소서를 열심히 쓰라고 합니다. 모두가 각기 다른 이유에서 자기소개서를 열심히 잘 써야 한다고 말합니다. 중요한 것은 아무도 취업 준비생 입장에서 생각하지 않았다는 사실입니다.

과연 취업 준비생 입장에서도 자기소개서에 집중하는 것이 옳은 일인지 생각해 보았습니다. 서류 전형 합격률이 10퍼센트인 학생이 있습니다. 이번에는 정말 합격하겠노라 다짐을 하고 5일 동안 하나의 자소서를 작성했습니다. 큰돈을 들여 전문가에게 첨삭을 받았습니다. 서류 전형에서 합격했습니다. 여기까지 들으면 매우 해피엔딩으로 끝나겠지만 채용과정은 이제 시작입니다. 결국 인·적성검사에서 탈락하고 말았습니다. 혹은 면접에서 탈락하고 말았습니다. 하나를 쓰느라 다른 기업들의 기회를 놓쳤고 다시 처음부터 자소서를 작성합니다.

자소서를 열심히 작성하고 공들인다고 해서 10퍼센트였던 합격률이 70퍼센트, 80퍼센트 상승하지 않습니다. 기껏해야 20퍼센트 합격률을 보이는 것이 전부입니다. 이 글을 다 읽고 나서 열심히 노력한다면 합격률이 2배 오를 것입니다. 하지만 여전히 80퍼센트는 탈락합니다.

서류 합격률을 비약적으로 올릴 수 있는 방법이 있다면 그 방법을 따라 하시면 됩니다. 하지만 그런 방법은 존재하지 않습니다. 우리가 못나서가 아니라 서류전형이 갖는 한계 때문입니다. 우리들의 역량과 가치관을 서류에서 100퍼센트 보여주는 것은 불가능합니다. 또한, 아무리 뛰어난 채용 프로세스를 설계했다고 하더라도 사람의 눈으로 평가하는 서류 전형의 신뢰도는 낮을 수 밖에 없습니다. 취준생의 시간은 매우 냉철하고 현명하게 사용해야 합니다.

합격을 위한 지름길은 자소서의 합격률을 높이고자 밤을 지새우는 것이 아닙니다. 우리가 집중해야 하는 것은 '내게 맞는 기업에 어떻게 최대한 많이 지원할 것인가'입니다. 합격률을 올리기 위해 시간을 낭비하는 것보다는 지원하는 기업의 수를 늘려 합격률을 높이는 것이 현명한 취업 준비 방법입니다. 아무렇게나 많이 쓰라고 하거나 묻지마 지원을 하라는 이야기가 아닙니다.

나의 강점에 맞는 직무를 고르고 직무에 맞는 기업에 최대한 많이 지원하라는 말입니다.

"자소서 때문에 잠 못 이루는 모든 취준생들에게"

자소서 작성을 어려워하는 취준생들을 수없이 많이 보아왔습니다. 무엇 때문에 어려워하는가? 시중에 수많은 자소서 작성 방법, 합격하는 방법들이 있는데 무엇이 이들을 어렵게 만드는가? 유튜브에 넘쳐나는 정보들에도 불구하고 무엇이 힘든 것인가?

이유는 하나입니다. 취준생들에게 있어서 '합격하는 자소서'는 두 번째 문제이며, 가장 큰 문제는 자소서를 작성하는 것부터 매우 어려워한다는 사실입니다. 나의 이야기를 1,000자나 작성해야 하는 막막함 때문에 어디서부터 시작해야 할지 모릅니다. 요즘 취준생들은 자소서 작성 문항이 까다롭거나 양이 많으면 작성조차 시도하지 않습니다. 이를 방증하듯 자소서 문항을 보여주는 서비스가 어떤 취업 포털보다 취준생들 사이에서 사용률이 높습니다. 공채 시즌이 되면 하루에 제출해야 하는 기업들이 적게는 2개, 많게는 5개 이상이 됩니다. 한 번에 쏟아져 나오는 기업들과 모두 다른 문항들이 취준생들의 막막함을 가중합니다.

"자소서를 쓰면서 밤새워 본 적이 있는가?"

저는 이 책을 통해 자소서 고민으로 잠 못 드는 취준생들의 부담을 덜어주려고 합니다. 더는 자소서 때문에 애태우며 밤새우지 않았으면 합니다. 자소서는 짧은 시간에 툭 털어 버리고 더 현명하게 시간을 사용하길 바랍니다.

자소서를 쓰는 방법은 정말 다양합니다. 이 책은 그중에서도 가장 쉽고 빠르게 쓰는 방법에 집중했습니다. 직무를 분석하고, 경험을 분해하고, 경험에 역량이 잘 보이도록 강조를 하면 자소서 작성의 모든 것이 마무리할 수 있습니다. 지금부터 그 방법에 대해서 이야기하겠습니다.

3. 자소서 가독성 높이기

4. 기본문항 4대장

5. 성과지향성

6. 논리적 사고력

7. 조직 경험

8. 타인과의 소통

9. 그 외 역량

부록

I am Jacob

I am Jacob

안녕하세요.

저는 취업준비생(이하 취준생)의 건강한 취업 준비를 돕고 있는 Jacob입니다. 그렇다고 저는 선생님이나 취업 컨설턴트가 아닙니다. 취업에 정답이 있다면 선생님이 될 수도, 컨설턴트라 말할 수도 있겠지만 현실은 그렇지 않습니다. 취업에 정답이 존재하지 않는 이유는 회사마다 합격의 조건이 다르고 그마저도 시기마다 너무나 빠르게 변화하기 때문입니다.

이 때문에 저는 취업하기 위한 방법에 대해 이야기할 때마다 다양한 사람들에게 공격을 받았습니다. 본인이 알거나 겪었던 일과 다르다는 이유가 가장 많았습니다. 물론 그럴 수 있다고 생각합니다. 각자의 생각과 경험이 모두 다르기 때문입니다. 실제로 회사마다 다른 채용 방식을 설계해 운용하고 있기 때문에 모든 사람을 만족시킬 수 있는 정답이란 존재하지 않습니다.

그렇다고 해서 시도할 수 있는 모든 방법을 나열해놓고 '선택은 너의 몫'이라고 던져준다고 해서 취준생에게 아무런 도움이 되지 않는다는 것을 누구보다 잘 알고 있습니다. 제가 겪어봐서 잘 알고 있습니다. 미세한 차이라도 성공 확률을 높여줄 수 있는 선택지가 있다면 유리한 방향으로 이끌어 혼란을 줄여주는 것이야 말로 이 길을 먼저 걸어간 선배가 할 일이라고 생각합니다. 그래서 저는 이를 행동으로 옮기고 있습니다.

제가 운영하는 유튜브 채널 'AND(ft. 인싸담당자)' 채널에는 유난히 많은 인사담당자가 출연합니다. 이는 저희 채널이 다른 취업 유튜버들과 의도적으로 차별화하는 요소이기도 합니다. 합격자 선발에 직접 관여하는 인사담당자의 솔직한 이야기를 담아내면 이를 본 구직자는 자신에게 맞는 회사와 업무를 판단할 수 있고 무지에 따르는 불필요한 걱정이나 오해 없이 취업을 위해 모든 것을 후회 없이 쏟아 부을 수 있을 것이라고 생각하기 때문입니다. 그래서 저희는 취업의 정답을 짚어주는 것이 아니라 다양한 직무, 취업 전문가들의 의견을 통해 자신의 꿈을 향해 나아가는 모든 이들이 최선의 선택을 할 수 있도록 도와주는 채널이 되고자 합니다.

취업은 모의고사와 같습니다. 대부분의 학생은 모의고사를 보면 이전에 공부하지 않았던 일을 후회합니다. 취준생도 취업 준비를 하면서 과거의 삶을 후회합니다.

"왜 난 지금까지 아무것도 하지 않았을까?"

"왜 난 공모전을 준비하지 않았을까?"

"왜 그때 그 수업을 듣지 않았을까?"

하지만 모의고사는 과거를 후회하라고 만든 게 아니라 미래에 어떤 것이 필요한지 지금 확인하라는 뜻에서 만든 것입니다. 일례로 제가 직접 겪은 취업 준비 기간은 모의고사를 준비할 때와 동일했습니다. 자신에게 모자란 것을 직접 느끼고, 그것을 보완해서 닥쳐오는 시험에 대비하는 동안 저는 취업을 넘어 내 인생에게 무엇이 누락되어 있으며 어떤 것을 고민해야 하는지 알 수 있었습니다.

그렇기에 저는 취업이 승자와 패자가 나뉘는 전쟁이 아니라고 말하고 싶습니다. 오히려 스스로 한 단계, 아니 두 단계 성장을 이뤄 낼 수 있는 성장기를 겪고 진정한 자신을 발견하는 과정이라고 생각합니다. 저는 이 책 속에 다양한 경험을 통해 직접 얻은 소중한 깨달음을 담았습니다. 부디 취업을 준비하는 여러분들의 외로운 길에 작은 등불이 될 수 있기를 바랍니다.

Jacob 드림

1

우리는 자소서를 모른다

채용 시장의
변화

———   ———

채용 시장은 큰 변화를 겪고 있다. AI 역량검사, 비대면 채용 등이슈가 되는 내용이 많지만 자소서와 관련된 것들만 정리해보면 다음과 같다.

#대규모 공채 #로열티 채용 #고스펙(학교, 학점) 중심 채용

현재 채용시장은 10년 단위로 변화가 이루어지고 있다. IMF 이전 고속 성장기에는 회사에 충성심이 높고 오래 다닐 수 있는 사람들을 채용했다. 당시에는 회사가 갖춘 사업 구조만으로도 매출을 올릴 수 있었고, 회사를 오래 다닌 직원은 신입에게 경험과 노하우를 전수할 수 있고 잦은 퇴사로 인한 채용 비용을 줄일 수 있어 회사에 큰 기여를 한다고 생각했기 때문이다. 이처럼 경험이 매우 중요한 시대였기 때문에 연차가 올라가면 급여가 올라가는 호봉제로 회사를 운영하는 것이 일반적이었다. 또한 대규모로 사람을 뽑아서 양성 후에 배치하는 방식의 채용이 유행했다. 현재처럼 개인의 성향이나 강점에 따른 채용이 이루어지지 않은 시기라고 할 수 있다.

#필기전형 #스펙의 범위가 넓어짐
#고스펙(어학, 다양한 경험, 수상경력) 중심 채용

하지만 1997년 IMF 이후 구조적으로 튼튼하지 못한 기업들은 모두 부도를 맞았다. 이를 계기로 사회, 경제 전반적인 성장세가 눈에 띄게 둔화되면서 이전처럼 좋은 학교, 오랜 근속 경험과 노하우의 필요성이 줄고 실적과 성과를 만들 수 있는 인재상이 부각된다. 이때 구직자의 스펙을 넘어서 높은 성과를 낼 수 있는 인재를 찾기 위한 다양한 방식의 채용 도구들이 만들어지게 된다. 1995년 삼성이 도입한 이래 대기업 채용에서 필수로 자리매김한 인적성검사를 시작으로 PT면접, 토론 면접, 상황 면접 등이 이 시기에 도입됐다. 이때부터 다양한 채용 방식 때문에 구직자들의 준비 과정이 복잡해졌지만 반대로 열린 채용이 진행되면서 취업 다양성이 확대되었다. 반면에 전반적 채용 인원은 줄어들어 치열한 취업 경쟁이 자리 잡기도 했다. 미래의 경영 환경이 불투명해진 기업이 공채의 규모가 줄었고 하나둘씩 수시채용 기업들이 생겨나기 시작했다.

그리고 2008년 글로벌 금융 위기 이후 탈스펙 채용은 전성기를 맞이한다. 글로벌 위기가 외부적 환경의 변화만으로 회사의 위기를 초래할 수 있다는 것을 알게 되면서 기업들은 외부의 환경 변화에도 기민하게 반응할 수 있도록 조직을 탄력적으로 설계, 운영하게 된다. 이에 따라 지원 직무에 가장 적합한 역량을 갖고 있는 사람을 채용하는 직무중심채용을 도입하는 회사가 생기기 시작했고, 직무급을 도입하여 같은 시기에 들어온 근로자라도 직무마다 다른 급여를 받게 되었다. 이는 기업이 직무를 잘 수행하는 사람이 단순히 고스펙자가 아니라는 것을 알게 되면서 스펙 중심의 검증 시스템에서 직무 경험을 우대하는 흐름으로 변화한 것이라고 할 수 있다.

#탈스펙 #무스펙 #직무중심채용 #직무경험 우대 #금턴

이후 코로나19 팬데믹(Pandemic)으로 인한 전 세계적 경기 침체가 시작됐다. 언제 끝날지 모르는 팬데믹 상황으로 인해 전반적인 채용의 축소가 일어났고 시대의 변화에 따른 미래의 불확실성이 높아지면서 인재를 대규모 채용한 후 양성한다는 관점을 가진 공채를 폐지하고, 필요할 때 즉시 채용하는 수시 채용이 일반화되었다.

이러한 수시 채용으로의 변화는 한 가지 관점으로만 바라볼 수 없다. 변화의 시대에서 인재 공급 속도를 맞추기 위한 기업의 전략이기도 하고, 대규모 공채 이후 양성하는 관점에서 벗어나 직무에 가장 적합한 인재를 뽑고자 하는 전략의 결과이기도 하다. 또한 저성장국면에 돌입한 기업의 경우 안정적 투자 방법이기도 하다는 점을 이야기하고 싶다. 요약하면 현재 우리는 직무중심, 수시채용의 큰 기류를 타고 있다는 말이다.

그렇다면 최근의 자소서에서 변경된 것은 무엇일까? 이전과 마찬가지로 현재도 역량 중심, 경험 중심의 문항은 유지되고 있다. 다만, 직무 또는 산업군에 깊이 있는 고민이나 경험이 있는 경우에만 작성 가능한 문항들이 추가된 점이 눈에 띄는 변화다.

추가 문항 예시

1. 최근 발생한 자동차 보안이슈 중 관심 가진 한 가지를 선택하고, 이에 대한 공격자/방어자 관점에서 자신의 견해를 기술해 주십시오.

2. 본인이 지원한 직무와 관련된 이슈를 선정하여 그에 대한 본인의 생각을 기술해 주십시오.

3. 자신이 수행했던 IT 경험 및 과제(프로젝트)에 대하여 사용 기술, 결과 등을 기술해주십시오.

4. 신입MD로 입사하게 되면 신규 파트너사 입점 영업, 파트너사를 통한 상품 소싱을 담당하게 됩니다. 본인이 본 직무에 적합하다고 생각하는 이유를 사례 및 경험을 바탕으로 기술해주세요.

5. MD직무를 수행하다 보면 많은 거절(대외 : 파트너사, 대내 : 사내 운영부서 등)을 겪게 됩니다. 어떻게 극복하고 성과를 낼 수 있을지 대응/해결방안을 기술해주세요. 발생할 수 있는 구체적 사례를 들어 기술해주시면 더욱 좋습니다.

○ **직무&산업군 관련 문항 준비 방법**

여기서부터는 본질적인 질문을 던지고 장기적인 취업 전략을 이야기하기 때문에 시간이 없는 독자는 건너뛰어도 좋다.

회사가 질문에서 나타난 직무나 산업군 관련 검증 질문을 제시한 이유는 지원자가 이전부터 지원한 직무 혹은 산업군에 관심이 있는 지원자인지를 확인하기 위해서다. 분야에 관심을 갖고 있었던 지원자라면 관련된 경험이나 큰 이슈들을 알고 있을 가능성이 높고 이에 대한 답을 작성할 것이다. 반면에 지원서를 작성하면서 직무, 산업군을 처음 알게 됐다면 네이버, 구글 등의 검색엔진에서 첫 번째 검색되는 기사나 내용으로 작성될 가능성이 높다. 이런 사정을 잘 모르는 50퍼센트 이상의 취준생들이 동일한 내용의 자소서를 작성하는 것이 현실이다. 이 때문에 변별력 있는 질문을 던지는 것은 기업 입장에서는 매우 효과적인 방식이라고 할 수 있다.

만약 현재 자소서를 쓰고 있는 당신이 이와 같은 상황에 처해 있다면 합격확률이 높지는 않다고 봐야 한다. 지금 인터넷을 찾아서 직무에 관련된 이슈를 찾아보거나 산업군 기사를 찾고 있다면 이미 이번에 지원하는 서류의 합격 확률은 매우 낮다고 할 수 있다. 그래서 우리는 미리 직무를 선택하고 산업군을 미리 공부하는 준비를 해야 한다. 수시채용, 직무 중심의 채용이 되면서 이전부터 한 우물을 파 온 지원자들이 절대 강자가 되었다. 동아리 대회활동 수상경력 등 모든 것들이 하나의 길을 향하고 있다면 인사 담당자가 어찌 뽑지 않을 수 있겠는가? 그 일을 잘할지 모르더라도 최소한 어떤 일을 하는지는 알 것이고 퇴사확률도 낮을 것이라고 판단하는 것은 당연하다고 할 수 있다.

그렇기 때문에 제발 자소서와 면접에만 집중하지 말길 바란다. 나는 이러한 현실 때문에 직무에 대한 이야기, 산업군에 대한 이야기를 많이 한다. 유튜브에서도 취준생들은 관심이 없지만 직무, 산업군에 관한 내용이 가장 중요한 정보라고 생각해서 관련된 많은 콘텐츠를 만들고 있는 것이다.

이제 단기적인 취업 전략에 대해서도 알아보자. 지금 바로 자소서를 써야 하는데 직무도 모르고 산업군도 모른다면 합격할 확률은 낮지만 그래도 쓰긴 해야 한다. 1퍼센트의 가능성은 있다. 100번 하면 1번은 붙으니 걱정하지 말고 시도하자. 자, 그럼 당장 5시간 후에 작성을 해야 하는데 어떻게 하면 좋을 것인가? 이럴 때 현직자 커뮤니티를 활용하는 것을 추천한다.

1. 이슈를 묻는다면 너무 최근의 기사를 인용하지 말자.

같은 입장에 놓인 다수 취준생들의 선택지가 될 것이기 때문이다. 그럼 어떤 이슈를 선택하는 것이 좋은가? 조금 오래 되어도 좋으니, 해당 직무 관련 카페나 현직자들의 커뮤니티에서 가장 언급이 많이 되는 이슈를 선택하자. 이슈가 되는 시기는 법안이 상정될 때가 대부분이지만 시행은 6개월이나 1년 뒤에 이루어진다. 현직자 입장에서는 시간차가 있다.

2. 직무의 유사 경험을 묻는데 경험이 없다고 포기하지 말자.

유사 경험을 이야기 하라고 하면 대부분의 사람들이 직무와 똑같은 경험을 유사 경험으로 생각한다. 하지만 유사 경험의 범위를 넓게 생각해도 된다. 유사라고 한다면 비슷한 경험을 이야기하는 것이고 일부는 내가 주장하기 나름이다. 어떻게 포장하느냐에 따라 달라진다. 만약 내가 음식 배달 아르바이트를 했다고 하자. 내가 한 것은 배달이다. 하지만 쓰기 혹은 말하기에 따라 내가 한 일이 달라진다. '외식업의 고객들을 이해하고자 외식 배달 아르바이트를 했었고, 가장 고객이 많은 시간대와 음식별 주문 형태를 이해할 수 있었다'고 표현하는 것도 충분히 가능하다.

화장품 가게에서 아르바이트를 했다면 판매경험으로도 해석할 수 있고, 화장품 산업의 관심으로도 해석할 수도 있고, 유통업으로 해석할 수도 있으며, B2C산업이나 서비스업을 이해하기 위해서라고 해석할 수 있다.

3. 특정 문제의 해결방법을 묻는다면 아이디어에 집중하지 말고, 현실적인 방안을 찾는 것이 좋다.

타사 사례에서 아이디어를 얻으면 되고 이는 해당 직무의 현직자들이 활동하는 커뮤니티에서 검색만 해도 쉽게 찾을 수 있다. 이들은 댓글로 서로 하고 있는 방식도 공유하기 때문에 예시가 풍부하다. 군이 신선한 해결책을 내놓기 위해서 고심하지 마라.

이런 점을 유의하고 자기소개서란 무엇이며 어떻게 써야할지 이제부터 찬찬히 살펴보자.

자소서에 대한
서로 다른 시선

취업 준비생들을 대상으로 취업, 공채 준비라고 하면 떠오르는 단어가 무엇인지 물어봤을 때, '어렵다, 힘들다'와 함께 가장 많이 나오는 키워드가 바로 '자기소개서'다. 그럴 수밖에 없다. 취업을 통해 수능 이후 처음으로 맛보는 쓰라린 실패의 고통을 한 번이 아닌 몇 번씩이나 반복해서 겪게 되는 취준생에게, 서류심사의 당락을 결정하는 것으로 여겨지는 자기소개서는 그 의미가 남다르기 때문이다. 이렇게 특별한 의미를 가졌고 취업 과정에서 가장 많은 탈락자를 만들어 낼 뿐만 아니라 지원할 때마다 새롭게 손봐야 하기 때문에 많은 이들을 좌절에 빠지게 만드는 자소서는 과연 기업에게 어떤 의미가 있을까. 사람을 채용하기 위한 첫 관문? 정교하게 검증해야 하는 중요한 프로세스? 모두 아니다.

기업에서 보는 자소서는 사람을 뽑기 위한 것이 아니라 거르기 위한 도구다. 다시 말해 자소서는 한정된 인원만 치르게 되는 인·적성검사 또는 필기시험의 기회를 누구에게 줄 것인가를 판단하는 도구이며 그 이상도 이하도 아니다.

신입사원을 채용하는 데 돈을 무제한 쓸 수 있다면 모든 기업은 예전 삼성이 채용에서 그랬던 것처럼 모든 지원자에게 인·적성검사 기회를 주어 평가할 것이다. 하지만 채용 예산 등 여러 가지 제약 요소 때문에 울며 겨자 먹기로 서류전형을 만들어 통계적으로 가장 채용 확률이 높은 사람들을 추려내고 있다.

이제는 대규모 공개채용이라는 사회적 시스템이 자리 잡았고 평가 도구가 구조화·과학화되는 등 나날이 진보하고 있어 대면 면접보다 시스템에 의존한 채용 방식이 주류를 이루고 있다. 최근에는 서류 전형을 모두 없애고 지원자 모두에게 AI 면접을 치르게 하는 솔루션 까지 나왔으니 앞으로도 큰 흐름은 변하지 않으리라 본다.

서류전형의 의미를 이렇게 낮게 보는 이유는 기업이 절대 여러분이 생각하는 만큼 심혈을 기울여 자소서를 읽고 이를 통해 사람을 평가하지 않기 때문이다. 채용팀장 또는 채용담당자가 자소서를 꼼꼼하게 읽으면서 지원자를 평가하는 기업은 매우 드물다. 자소서를 쓰는 분들에게는 안타까운 얘기지만 이는 큰 기업으로 갈수록 자명하게 나타나는 현상이며, 대부분의 채용팀은 현직자들을 불러 "OO명으로 추려달라"는 요청을 한다. 하지만 좋은 신입을 뽑아야 하는 당위성을 가진 사람은 채용담당자 한 명뿐이며 나머지는 각자의 현업에 종사하고 있는 바쁜 직장 선배일 뿐이다. 이런 상황에서 공정하고 올바른 평가가 가능하다고 보는가?

단언컨대 절대 그렇지 않다. 가이드는 주지만 구체적이지 않을 수밖에 없다. 평가 기준을 자세하게 분류해도 시간만 오래 걸리고 점수표로 평가가 불가능한 자소서가 계속 나타날 뿐이다.

모 기업에서는 2명 이상의 현직자가 지원자의 자소서를 크로스 체크한다고 말한다. 그러나 별다른 책임을 지지 않는 비전문가일 뿐인데 공정한 평가가 이루어지겠는가? 아마 여러분도 그렇지 않다는 것을 겪어봐서 알 것이다. 만약 합격한 지원자의 자소서를 그대로 다시 제출하면 다시 합격할 수도 있지만 떨어질 수도 있을 것이다. 반대로 떨어진 자소서를 그대로 제출해도 합격하는 경우가 생길 것이라는 게 자소서의 아이러니이다.

얼마 전 채용담당자들과 만나서 취업자들에게 자소서 쓰는 법을 알려주고 싶다고 이야기한 적이 있다. 하지만 그 이야기를 듣자마자 채용담당자들은 하나같이 고개를 갸웃거리면서 "어차피 자소서는 운인데…"라고 말했다. 나도 그렇게 생각은 하고는 있었지만, 직접 듣고 나니 '정말 내 생각이 맞았다'는 확신과 함께 '이거 어떡하지?'라는 불안이 생겼다. '지금 취업을 준비하고 있는 취준생들에게 도대체 무슨 해결책을 제시해야 하나?' 이런 걱정 때문에 머릿속이 하얗게 변했다.

사실 자소서를 검토하던 인사담당자 또는 채용 시즌에 인사 업무를 할당 받은 현직자는 갑자기 급한 볼일이 생기거나 상사에게 안 좋은 피드백을 받게 되었다는 이유만으로도 탈락을 결정지을 수 있다. 또한 단순히 퇴근 시간이 임박해 빨리 당락을 결정해야 할 경우 합격이나 탈락을 무리하게 결정지을 가능성도 있다. 특히 내가 보아온 바에 따르면 이러한 현상은 지원이 몰리는 큰 기업일수록 더 한 경우가 많다.

대기업의 경우 매번 최대 10만 명에 육박할 정도로 많은 수의 신입 지원자가 몰린다. 이들 중 연간 몇천 명에 달하는 신입 사원을 채용해야 하는 대기업의 경우 한명 한명의 서류 전형에 크게 의미를 두지 않는 게 사실이다. 모아놓으면 다 똑같기 때문이기도 하지만 아무리 성실히 보려고 노력해도 쉽지 않다는 말이 정답에 가까울 것이다. 기업들은 정말 최선을 다해 공정하게 평가하려고 하지만 안 된다. 이것이 현실이다.

그럼 우리는 어떻게 해야 하는가? 자소서를 대충 쓰라는 말이 아니다. 자소서를 바라보는 관점부터 바꿔야 한다. 이 책은 서두에 말한 것처럼 서류전형, 즉 자소서 단계에서의 합격률을 비약적으로 높이는 방법을 제시하지는 않는다. 사실 그런 방법은 존재하지 않기 때문이다.

자소서는 운칠기삼이다. 운을 이기려면 기회를 늘려야 한다. 자소서를 하나를 공들여 써서 원하는 회사에 합격할 수 있다는 비현실적인 생각을 버려야 한다. 그래야 한정적인 취준생의 시간을 효율적으로 사용할 수 있다. 주어진 시간을 어떻게 써야 할까? 어떻게 해야 자소서 작성에 들이는 시간을 줄일 수 있을까?

자소서의
작성과 평가법

1. 맞춤형 자소서의 함정

"A사는 열정을 중요하게 보니 맞춰서 작성해야 합니다."

"B사에 맞는 패기 있는 자소서를 써야 합니다."

"C사는 자소서를 정말 열심히 보니 잘 쓰셔야 합니다."

자소서를 쓰기 전, 취준생을 가장 혼란스럽게 만드는 말이다. 이러한 고정관념은 대부분 취업 컨설팅 업체나 취업을 돕는 선생님들이 만든 것이다. 물론 꼭 틀린 말도 아니다. 회사마다 좋아하는 인재상이나 필수 역량이 다르기 때문이다. 하지만 우리가 거기에 모든 걸 맞춰서 자소서를 작성하는 것은 불가능하다. 취준생이 지원하는 회사의 분위기와 원하는 인재상을 모두 아는 것은 쉽지 않으며 시즌마다 바뀌는 채용 시스템과 회사에 맞춰 나를 바꾸는 것 또한 불가능하다. 혹여나 그렇게 회사에 맞춰 서류전형을 통과해 입사한다해도 그 회사가 나와 잘 맞기는 어려울 것이다.

또한 꾸며낸 자소서는 계속해서 불협화음을 만들어 낸다. 회사는 거짓을 말하는 지원자를 찾아내려 하고 지원자는 들키지 않기 위해 계속해서 다른 자신을 연기한다. 이렇게 되면 자소서에 맞게 인적성이나 면접에서도 자신을 거짓으로 꾸며내야 해서 전형마다 불안할 수밖에 없게 된다. 필자가 회사에 맞춰서 자소서를 작성하는 것을 극히 싫어하는 이유가 바로 이것이다. 그렇기 때문에 우리는 회사에 맞춰 자소서를 쓸 것이 아니라 나에게 맞는 자소서를 써야한다.

2. 합격하는 자소서란 무엇인가

**"합격하는 비법만 수십, 수백 가지인 것 같아요.
어떤 것을 따라야 할지 모르겠어요."**

이런 푸념은 취업 시장의 변화를 단적으로 보여준다. 불과 몇 년 전만 해도 구직자들은 취업 정보를 얻기 위해 박람회를 뛰어다녀야 했고, 이 정보의 유무가 당락을 결정짓는 중요한 요소 중 하나였다. 하지만 지금은 오히려 정보가 숨 막힐 정도로 많아 어떤 방법을 믿어야 할지 판단이 서지 않는다.

'합격하는 자소서', '합격 비법', '자소서의 정석', '필승 자소서' 등 취업의 첫 관문인 서류 합격을 위한 다양한 비법과 묘수들이 쏟아져 나오고 있다. 유튜브에도 자소서를 검색하면 수많은 정보가 넘쳐난다. 취업 컨설턴트나 선생을 자처하는 이들에 의해서 하루에도 수십 개의 자소서 콘텐츠들이 쏟아져 나오고 있다. 그들은 하나같이 합격하는 자소서가 따로 있다고 이야기한다. 특별한 자소서 작성 법칙이 있고 그것을 따르지 않았기 때문에 서류에서 광탈했다고 겁을 준다. 이들의 말처럼 서류 전형에서 합격하는 비법이라는 것이 존재할까? 대답은 'No'다.

서류전형은 모든 취준생이 가장 많은 시간을 투자하는 전형임에도 대략 80~90퍼센트의 지원 기업으로부터 탈락 통보를 받게 되는 과정이다. 지원자가 탈락한 이유가 과연 자소서를 못 써서일까? 아니다. 90퍼센트 이상은 자소서의 내용 때문이 아니라 유사 경험, 스펙 등 다른 정량적 요소 때문에 불합격하는 경우가 대부분이다.

생각해보면 간단한 이야기다. 기업들은 객관적인 사실만 믿으려고 하기 때문에 나의 역량을 아무리 외쳐봤자 경험 등 객관적인 사실인 뒷받침되지 않으면 신뢰하지 않는다. 학교, 학점, 유사 경험 등 명확하게 근거가 되는 사실만 믿고 반영하려 하며 나머지는 다른 것들은 보조 지표로 여긴다. 이 때문에 이 책에서 다루고 있는 것은 '현재 가지고 있는 경험을 근거화'하는 것이다. 다르게 설명하면 나의 경험 잠재력을 100퍼센트 사용하는 것이 합격으로 가는 길이라고 할 수 있다.

서류 전형이란?

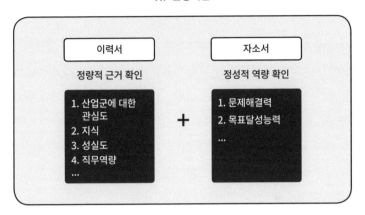

서류전형은 객관적 결과로 수치화하는 이력 점수와 담긴 내용을 해석해서 수치화해야 하는 자소서 점수로 나눌 수 있다. 이 중 이력 점수는 객관적인 결과를 토대로 수치화가 가능하기 때문에 자소서 점수보다 조금이라도 배점이 높은 경우가 많다(필자가 말하는 이력 점수는 학교와 학점, 직무 유사 경험을 말한다. 다른 어학 점수, 자격증은 일부 직무를 제외하고는 당락을 크게 결정짓는 요소는 아니라는 점을 일러둔다). 이는 자소서가 이력과 달리 아무리 뛰어난 채용팀이 설계한 채점 평가도구라도 읽는 사람 저마다 느끼는 점이 다르기 때문에 평가 자체의 신뢰도가 높지 않은 경우가 많기 때문이다. 채용팀은 이러한 실상을 누구보다 잘 알고 있기에 자소서보다 이력 부분에서 높은 배점을 주는 방식을 사용하고 있다.

혹자는 이력은 이미 지나간 과거의 일이고 자소서는 계획과 포부

등을 밝히기 때문에 다르다고 말할지 모른다. 하지만 사실 자소서도 이력과 크게 차이가 나지는 않는다. 자소서에서 다룰 수 있는 이야기의 폭은 가지고 있는 기존의 경험과 지원하는 직무 또는 산업군의 유사성에 따라 정해진다. 필자가 이후 경험의 포텐셜이라고 부르게 될 부분이다. 아래 표에 따르면 A와 B 간 경험의 포텐셜은 2배가 차이가 난다. 이것이 고스란히 자소서에 반영된다면 점수도 합격 비율도 이와 같을 것이다. 하지만 현실은 그렇지 않다. 자소서를 작성할 때 실제로 활용할 수 있는 경험의 비율이 오히려 A가 높다면 점수는 반대로 나올 수 있다. 인턴십, 대외활동, 동아리, 국토대장정 등의 다양한 경험을 했다 하더라도 자소서 작성에 활용하지 못하면 아무런 소용이 없다.

경험의 포텐셜 비교

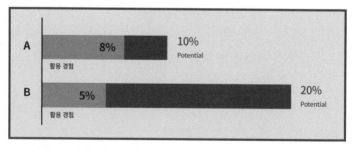

그렇다면 이제 어떤 선택을 해야 할까? 바로 자신이 가진 경험 잠재력을 모두 활용한 자소서를 쓰면 된다. 이미 정해진 스펙을 바꾸는 건 불가능한 일이다. 우리가 할 수 있는 것은 '내가 이미 경험한 것을 100퍼센트 표현하는 것'이다. 그리고 그렇게 할 수 있도록 이 책이 도와줄 것이다. 필자의 역할은 여러분이 가지고 있는 경험의 포텐셜을 모두 사용하고 그 경험을 자소서에 잘 녹일 수 있도록 도와주는 것이다. 그리고 여러분은 이 길을 잘 따라오고 미래를 새로운 경험으로 채우면 된다. 이미 정해진 스펙이 부족하다고 해서 좌절하지 말자. 앞으로 많은 경험을 쌓으며 자신의 잠재력을 100퍼센트 활용하면 된다. 기적처럼 합격할 수 있는 자소서 작성법을 원하는 취준생을 자괴감에 빠뜨리려고 이러한 이야기를 하는 것이 아니다. 현실적인 조언을 주고 싶어서다. 이제 자기 자신을 냉철하게 바라보자.

○ 자소서 평가방법

자소서 평가 방법은 회사마다 너무나 다르지만 기본 원리는 동일하다. 자소서를 평가할 때는 무엇을 보는가? 두 가지만 기억하자. 하나는 역량, 또 다른 하나는 그 역량의 근거이다. 즉, 어떤 역량을 어필하느냐에 따라 1차 평가가 이루어진다. 따라서 직무의 핵심 역량이 아닌 다른 역량을 작성하면 1차적으로 좋은 평가를 받을 수 없다. 이렇게 어떤 역량이 있는지 평가를 했다면 2차 평가로는 작성자가 말한 보유 역량의 근거가 있는지 확인한다. 보유 역량의 근거란 '경험 속에서 보이는 행동들이 해당 역량을 정확하게 표현하고 있는가' 이다. 자소서를 작성할 때 우리가 관심을 가지는 것은 경험의 크기나 유형이다. 그런데 정작 중요한 것은 경험이 아니라 경험 속에 보이는 나의 행동(액션)이다.

자소서는 절대 글을 잘 썼다고 좋은 평가를 받지 않는다. 경험의 결과를 수치화해서 표현하는 것은 좋다. 고객 관점, 경쟁사 관점이 들어가 있는 것도 좋다. 하지만 이것들은 단순히 글을 조금 더 맛있게 표현하는 방법일 뿐이지 평가에는 전혀 반영되지 않는다. 이런 것들을 강조하는 이들은 자소서 평가를 제대로 해보지 않았거나 취준생들에게 새로운 방법을 제안하기 위해 억지로 끼워 맞춰 이야기하는 것이다.

다시 한 번 강조한다. 회사마다 평가 방법은 다르지만 자소서 평가의 큰 틀은 '직무 핵심 역량이 있는지'와 '역량 보유의 근거'를 찾는 것이다. 모든 회사의 자소서 평가는 여기서부터 시작된다.

자소서 쓰기 전에 필요한
마인드 셋

자소서를 쓰기 전에 마인드 셋을 해보자. 아무 준비도 하지 않고 자소서를 쓰기 시작하면 결코 자소서를 잘 쓸 수 없다. 자소서를 쓸 때 유의해야 할 점은 무엇인지, 어떤 방식으로 나를 표현할지를 생각하고 마음속에 새겨 넣자. 자소서를 쓰기 전에 가졌던 생각들은 지우고 지금부터는 4가지 요소를 명심하면 된다.

1. ONE CHARACTER

첫 번째, '나'라는 캐릭터를 정리하자. 캐릭터는 본인이 회사에 어필하는 하나의 메시지 같은 것이다. 예를 들어, 캡틴 아메리카와 헐크가 있다. 지원자는 자소서에 최대한 많은 강점을 보여주기 위해 본인은 방패도 있고 힘도 좋고 피부도 초록색이라고 쓴다. 하지만 이렇게 쓸 경우 지원자가 캡틴 아메리카인지 헐크인지 파악이 잘 되지 않아 오히려 역효과를 일으킨다. 내가 캡틴 아메리카면 캡틴 아메리카의 핵심 역량만을 정확하게 표현해주고 헐크면 헐크라고 정확하게 표현해주어야 한다. 그렇지 않으면 자소서에 '나'라는 사람이 어떤 사람인지 잘 드러나지 않는다.

면접에서도 마찬가지다. 자신의 캐릭터를 하나로 어필해야 한다. 면접에서는 지원자를 하나의 캐릭터로 뽑는다. 이것도 좋고 저것도 좋은 평균치를 따져서 뽑는 것이 아니다. 물론 공기업의 경우는 평균치를 따져서 부족함이 없는 사람을 뽑기도 한다. 하지만 사기업의 경우는 한 부분이 모자라더라도 다른 좋은 부분이 있다면 뽑는 경우가 많다. 이렇다고 해서 사기업에 지원하는 경우만 본인의 캐릭터를 하나로 정리하는 것이 중요한 것은 아니다. 공기업과 사기업에 지원하는 경우 모두 중요하다. 쉽게 말해서 자신만의 캐릭터가 정리되어 있지 않다면 회사에서 본인을 뽑을 이유가 없다는 말이다.

2. FAST

두 번째, 자소서는 담백하게 써야 한다는 마인드다. 자소서는 인사담당자들이 읽지만 현직자들이 읽는 경우도 많다. 현직자들은 기본적으로 본인이 해야 할 업무가 있기 때문에 자소서를 읽을 시간이 부족하다. 여기까지는 대부분의 사람이 잘 알고 있는 사실이다. 그런데 이에 대한 해결책을 잘못 알고 있다.

사람들은 인사담당자 혹은 현직자들이 자소서를 빨리 읽기 때문에 흥미롭게 써야 한다고 생각한다. 자소서를 흥미롭게 쓰면 읽지 않으려고 했던 자소서를 읽게 될까? 아니다. 자소서가 흥미롭든 흥미롭지 않든, 잘 쓰든 못 쓰든 인사담당자들은 자소서를 다 읽어야 한다. 물론 몇몇 중소기업에서는 흥미롭지 않은 자소서는 읽지 않고 넘길 수도 있다. 하지만 중견 이상인 기업들에서는 자소서를 다 읽고 평가를 해야 할 의무가 있다.

그렇다면 자소서를 흥미롭게 쓰는 것 말고 어떤 방법을 써야 담당자가 빨리 읽게 할 수 있을 까? 방법은 간단하다. 담백하게 쓰는 비즈니스 레터처럼 자소서를 쓰면 된다. 어떻게 쓰는 것이 담백하게 쓰는 것일까? 담백하게 쓰기 위해서는 수식어구, 미사여구, 비유 등을 쓰지 말아야 한다. 이렇게 쓰게 되면 오히려 가독성이 떨어지기 때문이다. 이러한 표현들은 흥미를 유발하기 위해 많이 쓰는데 가독성을 떨어뜨리는 말들이니 다 빼고 딱 필요한 말들만 담백하게 쓰자.

3. MONEY & JOB

세 번째, '내가 너희 회사에 돈을 가장 많이 벌어다 줄 거야'라는 마인드를 드러내는 것이다. 자소서의 내용도 '내가 너희 회사에 돈을 가장 많이 벌어다 줄 거야'라는 내용으로 가득 채워야 한다. 물론 공기업의 경우는 최대의 이익을 내는 것이 목표가 아니기 때문에 돈을 벌어다 준다기보다는 그들의 인재상에 맞춰 쓰는 것이 좋다. 하지만 사기업은 내가 돈을 벌어다 줄 수 있다는 것을 어필해야 하므로 인재상보다는 직무역량 관련 내용을 먼저 작성하는 것이 좋다.

필요한 역량은 직무마다 다르다는 사실을 우리는 자주 간과한다. 그래서 자신의 정해진 캐릭터 없이 좋아 보인다는 이유로 무턱대고 강점을 다 말하려다 보니 지원 직무와 관련 없는 역량까지 모두 어필한다. 자신이 아무리 좋은 역량을 가졌다고 해도 그 역량이 지원 직무에 필요한 역량이 아니라면 점수를 받을 수 없다. 다시 한 번 되새기자. 직무와 관련 없는 역량은 쓰지 말고 직무와 관련된 역량만 써야 한다.

4. EXPERIENCE & COMPETENCE

네 번째, '경험 속에 보이는 역량이 중요하다'는 마인드다. 채용은 '과거에 성공한 경험이 있는 사람이 미래에도 성공할 것'이라는 전제하에 지원자의 역량을 추측하는 일이다. 그 때문에 우리는 자신의 경험을 근거로 들어 미래에도 성공할 수 있는 사람임을 어필해야 한다.

경험을 근거로 들어 자신을 어필하는 것이 중요하다고 했는데, 핵심은 경험 자체가 중요한 것이 아니라는 것이다. 무엇을 경험으로 포장해서 전달했느냐가 중요한 것이다. 경험은 포장지일 뿐이고 그 안에 담겨있는 것은 본인의 역량이어야 한다.

간혹 자소서를 쓸 때 자신이 생각하는 특이한 경험만 툭 던지는 경우가 있는데 그러면 아무 의미가 없다. 예를 들어, 스킨스쿠버 자격증을 취득했다는 것을 자소서에 썼다고 가정하자. 하지만 스킨 스쿠버 자격증을 취득한 것 자체에는 아무 의미가 없다. 중요한 것은 자격증을 취득하기 위해 노력한 나의 끈기나 목표달성 능력이다. 스킨스쿠버 자격증을 취득한 경험 속에서 역량을 찾아서 써야 한다. 자소서를 보는 사람들은 지원자가 결과를 얻기 위한 거친 과정을 평가하기 때문에 그 과정을 세세하게 적어 주어야 한다. 채용 담당자가 궁금해 하는 것은 지원자의 경험이 아니라 그 속에 보이는 역량이라는 것을 항상 기억하자.

자소서 작성 POINT

1. 나에게 맞는 자소서 써라.
2. 내가 제시하는 역량을 객관적인 근거로 뒷받침하라.
3. 내가 가진 경험의 포텐셜을 이끌어내라.

 ## 자소서 쓸 때의 마인드 셋

- 나라는 캐릭터를 확실히 정리한다.
- 요점 위주로 담백하게 쓴다.
- 직무와 관련된 역량만 쓴다.
- 경험에서 역량을 찾아서 쓴다.

2

자소서 작성을 위한 핵심 도구

경험분해

직무분석

역량사전

경험
분해

자소서를 쓸 때 취준생들을 가장 힘들게 하는 것은 어떤 것일까? 글을 그럴듯하게 쓰기 어렵다거나 자소서를 어떻게 써야 할지 잘 모르겠다는 것일까? 사실 취준생들이 자소서를 쓸 때 가장 힘들어 하는 부분은 '자소서에 쓸 경험이 없다'는 것이다. 하지만 사실은 경험이 없는 것이 아니라 경험을 어떻게 해석해야 할지 모르는 것뿐이다. 경험은 손바닥과 같다. 손바닥을 접으면 주먹이 되고 펴면 그 모양에 따라 가위가 될 수도 있고 보가 될 수도 있다. 이렇듯 경험은 어떻게 보느냐에 따라 의미가 달라지기 때문에 경험을 분해하는 작업이 중요하다.

자소서는 일반적으로는 아주 특별한 경우가 아닌 이상 경험이 적는 것이 대부분이다. 하지만 취업을 준비하는 이들은 대부분 나이와 경험이 많지 않다. 그렇기 때문에 본인의 경험을 잘 버무리고 이야기를 관통하는 인사이트를 뽑아내는가가 중요하다. 그래서 경험을 하나의 방향에서만 보는 것이 아니라 옆에서도 보고 위에서도 보고, 아래에서도 보는 경험 분해 과정이 필요하다. 그럼 지금부터 경험 분해를 어떻게 하는지 알아보자. 경험 분해는 필자의 저서 〈취업준비솔루션〉에서도 다룬 적이 있다. 이번 책에서는 이 내용을 자세한 예시와 설명을 추가하여 제시한다.

경험분해 테이블 작성 예시 1

경험한 일 (Situation/Result)	발생한 문제 (Problem)	해결한 방법 (What I did)	강조할 역량 (Competence)
대학 시절 국토대장정 행사를 스스로 기획해서 운영함. 다양한 사람들과 교류하고 싶어서 기존 행사에 지원했지만 8번이나 탈락하는 바람에 직접 만들어보기로 함. 참가자를 모집과 후원 모금을 위해 학교, 교회, 동아리에서 사람들을 설득함. 지원자 1명과 함께 국토대장정을 떠났지만 예산부족으로 중도포기하고 돌아옴.	1) 국토대장정에 지원해서 8번이나 떨어짐.	- 기존 행사 탈락 원인 파악 후 재지원 - 합격자들을 직접 만나봄. - 사람들에게 개최 행사 참여를 독려 - 행사 후원 모금을 위해 노력함.	분석력, 끈기 성과지향성 (목표달성능력)
	2) 행사 참가자를 모집했으나 지원자가 없음.	- 모이지 않는 원인 확인(신뢰 부족) - 행사 PT 자료 제작 - 구체적인 계획 제시 - 고민하는 학생을 4일동안 설득	분석력 문제해결능력 설득력, 끈기
	3) 행사 진행이 제대로 되지 않자 팀원이 낙심함.	- 리더로서 동기부여 - 낙심한 원인 확인 - 아르바이트로 예산 확보 - 팀원의 오해한 부분을 파악해 소통	리더십, 팀워크, 조직 분석력 책임감 커뮤니케이션

경험분해 테이블 작성 예시 2

경험한 일 (Situation/Result)	발생한 문제 (Problem)	해결한 방법 (What I did)	강조할 역량 (Competence)
전교 부회장 후보 출마 제안이 옴. 담임 선생님께 추천서를 부탁하고 유세활동을 함. 3표 차이로 아슬아슬하게 당선됨.	담임 선생님이 추천서 부탁을 거절함.	쉬는 시간마다 교무실 방문	적극성, 설득력
		자신의 강점을 설명	설득력
	상대 후보에 비해서 인지도가 낮음.	상대 후보와 비교해 강약점 분석	분석력, 커뮤니케이션 능력
		상대 후보의 약점과 자신의 강점을 부각	전략적 사고
유기견 문제 관련 유튜브 채널을 개설하기로 결심하고 SNS를 통해 오랫동안 관심을 가지고 있던 크리에이터에게 연락해 협업을 권유한 뒤 함께 채널 개설	다소 무거울 수 있는 아이템이 유튜브 플랫폼과 어울리지 않는다는 우려 발생	유기견 문제를 대하는 대중의 반응 분석	정보수집능력, 분석능력, 고객지향성
		유기견 문제의 우회적 전달, 콘텐츠의 재미를 높이는 방향으로 기획을 고민	혁신적 사고력, 창의력, 문제해결능력, 전략적 사고력
	크리에이터가 대전에서 활동해서 왕복 4시간 30분을 이동해야 만날 수 있음.	파트너에게 유기견 문제에 대한 자신의 생각과 채널의 기획 방향을 제시	커뮤니케이션 능력
		상대의 고민을 덜어주기 위해 자신의 장점을 어필하며 설득함.	설득력

경험한 일	발생한 문제	해결한 방법	강조할 역량
취업을 위해 지원 회사 현직자를 만나야 한다고 생각했고 사옥에서 대기하며 각종 방법을 시도해 접촉 후 직무 이해에 필요한 정보 얻음.	직무에 대한 자신의 이해도가 낮은 편임.	현직자를 방문하기 알맞은 시간을 고민함.	전략적 사고력, 분석능력
		현직자가 근무하는 사옥으로 찾아감.	도전 정신
	원하는 회사의 현직자가 누군지 알 수 없음.	주변을 다니는 사람들을 일일이 확인함.	도전 정신, 추진력
		안내데스크의 직원과 친해짐.	문제해결능력, 혁신적 사고력

경험분해 테이블 작성 예시 3

경험한 일 (Situation/Result)	발생한 문제 (Problem)	해결한 방법 (What I did)	강조할 역량 (Competence)
○○회사의 인턴 경험 중 경쟁사 프로젝트 분석 및 협력 업체를 선정하는 PT 프로젝트의 팀장을 맡아 기획을 담당했고 경쟁사의 프로젝트와 협력 후보 업체의 성과를 분석한 후 임원 미팅 때 PT를 담당함.	팀원들이 팀 보드에 기록하는 것을 자주 잊어 버리고 자신이 어떤 역할을 감당해야 할지 몰라서 겉돌게 됨.	업무 시작 10분 전에 팀 보드를 미리 가져다놓고 팀원들이 오자마자 일정을 기록한 뒤 업무를 시작하게 만듦.	리더십, 팀워크, 성과지향성
		각자의 장점에 맞게 역할을 배분하고 업무 할당을 명확히 함.	리더십, 팀워크
팀원에게 업무를 배분하고 프로젝트 진행과정을 상세하게 기록하는 팀 보드를 제작함.		소극적으로 참여하는 팀원이 있으면 자료를 칭찬해 동기를 부여하고 집중적으로 관리해 업무 몰입도를 높임.	리더십, 커뮤니케이션 능력, 갈등관리 능력
		시장 및 경쟁사 조사, 발표자료 구성, 발표에 이르는 전 과정에 미숙한 팀원을 돕고 솔선수범해 모범을 보임.	리더십, 팀워크, 책임감
참가자 만족도 설문조사 결과 10점 만점에 9.4점을 받고 팀장에게 PT 내용을 현업에 적극적으로 반영하는 방안을 검토하겠다는 답변을 들음.	협력 업체를 선정하기 위해서 후보를 성과별로 분류한 뒤 비교해야 할 필요 생김.	분석한 업체들과 유선으로 컨택해 기획 중인 프로그램을 설명함. 성과가 높고 거래에 적합한 업체를 선별해 미팅을 진행. 각 업체의 가격, 장단점을 파악해 정리함.	정보수집 능력, 분석력
PT를 위해 컨택한 업체를 실질적으로 검토함.		중간 목표를 세우고 진행 중에 소요 시간을 고려해 일정을 조정함.	기획력
회사 내의 프로젝트 진행에서 팀 보드 문화가 정착됨.	임원진 미팅 때 프로그램 최종 기획안을 발표해서 예산 승인을 받아야 하는 과제 발생.	기획안 발표자료 구성 및 발표 : 프로젝트의 목적 및 필요성, 프로그램 컨텐츠 초안 및 후보 업체들로부터 받은 컨텐츠 예시, 업체 선정 과정에서 고려한 부분(가격, 장단점, 납품 예상일, 장소, 비용), 승인이 필요한 부분 명시.	기획력
		후보 업체 중 비용이 높은 업체를 최종 선정했다는 질문을 예상해 답변을 준비 (중국어 소통, ○○ 분야 전문가, 해당 프로젝트 경험 다수, 높은 성과 등).	설득력 기획력-리스크 관리

모 방송국 추석 특집 프로그램 〈○○○○○〉에서 외국인 출연자들을 관리하는 아르바이트를 하게 되어 그들과 함께 생활하며 진행, 관리 통제 등의 역할을 수행하고 문제 없이 촬영을 진행함. 출연자들과 친분을 쌓고 PD와 작가들에게 인정받아 꾸준히 출연하게 됨.	각국에서 온 출연자들 중 일본 팀이 영어로 소통 불가	일어가 가능한 친구를 섭외	문제해결력, 성과지향성, 목표달성능력
		제한된 제작비로 인해 자신의 급여 절반을 섭외 비용으로 지불함.	팀워크
		부족한 페이를 지불해 바쁜 친구에게 일 해달라고 부탁함.	설득력, 추진력
	하루 스케줄을 소화한 후 밤 시간을 활용해서 대본을 번역함.	3일간 밤을 새우면서 대본을 번역함.	책임감

위의 예시에 공통적으로 나타난 것처럼 경험 분해의 첫 번째 단계는 상황과 결과를 적는 것이다. 상황과 결과는 어떻게 분해해도 바뀌지 않는다. 그래서 상황과 결과는 있는 그대로 정리해서 작성하면 된다. 특히 내용이 거짓말이 되지 않도록 결과를 바꿔서는 안 된다.

상황과 결과를 적은 다음에는 경험의 과정에서 발생한 문제를 정리해야 한다. 경험 분해에서는 상황과 결과보다 그 과정에서 '어떠한 문제가 발생했는지'가 더 중요하다. 경험의 과정에서 발생한 문제들을 정리하면 그 문제를 해결하기 위해 했던 행동들과 그 행동에 담겨 있는 역량들도 잘 정리할 수 있기 때문이다.

예를 들어 공모전에 참가한 경험에서도 동료와의 불화, 교수님을 설득하는 일, 주제 선정 과정에서의 갈등, 팀원 이탈, 팀원 추가 모집, 전략 세우기, 고객 분석, 설문조사 등 해야 했던 일이 매우 많다. 이러한 과정에서 발생한 문제들을 정리하면 되는 것이다. 이때는 쓸 수 있는 한 많은 문제들을 적어야 한다. 한 번의 경험을 하는 과정에서도 매우 많은 일을 했으며, 그 많은 일 중 한 개의 일을 하면서도 매우 많은 문제가 발생했을 것이기 때문이다. 우리는 이 문제들을 사소한 것으로 치부해 대수롭지 않게 생각하지만, 경험을 분해할 때는 최대한 많은 문제를 정리해서 적어야 한다. 발생한 문제는 많을수록 좋다. 이렇게 되면 문제를 해결하기 위해 내가 취했던 행동들도 많이 쓸 수 있기 때문이다.

문제들을 다 정리한 후에는 이 문제를 해결하기 위해 내가 했던 행동들을 적어줘야 한다. 예를 들어 팀원 간의 불화를 해결하기 위해 A팀원과 B팀원 사이에서 이야기를 전달하며 서로 화해할 수 있도록 중재한 것을 들 수 있다. 또 A팀원이 화난 이유, B팀원이 화난 이유를 분석한 것을 쓸 수도 있다. 이렇게 본인이 했던 행동들을 정리한 다음에는 그 행동 속에서 보이는 역량을 정리하면 된다.

대부분의 사람은 하나의 경험에 하나의 역량만 매칭 시키기 때문에 경험이 없다고 한다. 하지만 하나의 경험 속엔 수십, 수백 가지의 역량이 있다. 그리고 한 덩어리의 경험을 조각조각 내어 하나의 에피소드 단위로 자소서에 쓸 수 있다. 여러분은 지금까지 경과 보고서를 작성하듯이 모든 사건을 시간의 흐름에 맞게 자소서에 나열하였을 것이다. 이를 그냥 제출하는 것은 회사를 향해 "나는 A 경험을 했으니, 이를 해석해 보세요"라며 내던지는 것과 같다. 평가자는 우리의 경험을 해석해가며 열심히 보지 않는다. 필요한 핵심 역량과 그 근거가 보이지 않으면 나쁘게 평가할 뿐이다.

우리가 자소서에 써야 하는 것은 "A라는 상황에서 B라는 문제를 C라는 방법으로 해결했습니다. 그래서 저는 D 역량이 있습니다"라는 한 줄의 경험 분해를 하나의 완성된 글로 풀어낸 내용이다. 절대로 상황부터 결과까지 모든 것을 경과 보고서를 쓰듯이 쓰지 말자. 자소서의 문항별로 나의 역량을 어떻게 배치할지 정하고 거기에 맞게 재편성해서 써낼 수 있다면 거기에 맞는 경험을 선택할 수 있는 폭도 정말 넓어질 것이다.

지금까지 경험분해를 하는 방법에 대해 알아보았다. 여러분도 경험 분해를 통해 자신의 경험을 다각도로 살펴보고 그 속에 들어 있는 여러 역량을 찾아 자소서를 풍성하게 만들 수 있기를 바란다.

직무
분석

직무분석은 취업 준비의 필수요소이다. 직무분석은 직무를 이해하는데 매우 중요한 역할을 할 뿐만 아니라 '입사 후 포부'와 역량 문항의 하단 포부 작성을 위해서도 필요하기 때문이다. 또한, 직무분석을 통해 얻은 직무 필수 역량들은 다른 자소서 문항에도 활용 가능하다.

그렇다면 직무분석은 어떻게 하는 것일까? 지금까지는 직무분석을 위해 회사 홈페이지를 들어가는 것이 보통이었다. 지원하고자 하는 회사 홈페이지에 들어가 그 회사에서 만들어 놓은 동영상을 보거나 회사에서 써 놓은 직무분석표(Job Description)를 읽고 마무리하는 것이 대부분이다.

여기서 조금 더 나아간 방법이 현직자를 만나는 것이다. 하지만 대면해도 무엇을 물어봐야 할지 잘 모르는 경우가 많다. 그러다 보니 보통의 경우 그 회사의 경쟁력과 차별화 포인트에 관해 물어본다. 하지만 회사의 경쟁력과 차별화 포인트는 직무분석보다는 면접 준비용에 가깝다. 회사의 경쟁력과 차별화 포인트를 물어보는 것도 나쁘지 않지만, 우리가 집중해야 할 것은 직무에 대한 내용이다.

그러면 현직자를 만났을 경우 어떤 질문들을 해야 할까? 어떻게 인터뷰를 해야 할까? 일단 그 전에 갖추어야 할 준비물이 있다. 바로 '직무분석 테이블'이다. 직무분석을 위한 도구이지만 현직자 인터뷰를 할 때도 필수다. 그렇지 않으면 원하는 명확한 대답을 듣지 못하고 시간만 허비한 채 돌아올 가능성이 높기 때문이다.

예를 들어, 현직자에게 "직무에서 가장 중요한 것이 무엇인가요?" 라고 물었을 때 보통 "눈치가 제일 중요해, 술을 잘 마시는 게 중요해"라는 답변을 많이 듣게 된다. 혹은 인터뷰를 시작하기도 전에 "우리 회사를 오지 마"라는 말을 들을 수도 있다. 이러한 답변은 직무를 분석하는 데 있어 아무런 도움도 되지 않는 다. 이런 경우를 대비하기 위해 '직무분석 테이블'이 필요한 것이다. 인터뷰가 예상대로 흘러가지 않을 때를 대비해 가이드라인으로 활용할 수 있기 때문이다. 이제 직무분석 테이블을 모두 준비한 다음 본격적으로 직무분석을 시작해보자.

직무분석 테이블 작성 예시

고객/KPI	과업	주된 과제/문제	해결 방법	필요 역량	경력 계획
구직자	취업 관련 영상 제공	직무 관련 "실질적" 활용가능 정보의 부재	취준생 입장에서 묻는 현직자 인터뷰 콘텐츠 제작	분석능력 소통능력	1년차

➡ 내가 기여하고 싶은 일

현직자 인터뷰를 통해 직무분석을 할 때는 4가지만 기억하면 된다.

첫 번째, 해당 직무의 고객이 누군지 알아야 한다. 고객을 알아야 고객에게 어떤 서비스를 제공하는지 알 수 있기 때문이다. 고객을 누구로 정의하느냐에 따라서 전혀 다른 일로, 전혀 다른 직무로 해석이 될 수 있다. 두 번째, 고객을 정의한 뒤에는 '고객에게 제공하는 서비스'가 무엇인지 정의하는 것이다. 여기서 '고객에게 제공하는 서비스'란 우리가 흔히 알고 있는 '과업'이다. 세 번째, 직무에서 요구하는 역량을 파악하는 것이다. 역량은 고객에게 제공되는 서비스를 '잘 수행하기 위해 필요한 능력'이다. 자소서 문항들을 작성할 때 가장 기본이 되는 부분이다. 우리는 지금까지 회사 홈페이지나 직무별로 이미 정리되어있는 자료들을 보면서 직무별 해당 역량을 배워왔다. 왜 그런 역량이 필요한지 전혀 궁금해 하지도 않았고 알려고 하지도 않았다. 그랬기 때문에 자소서에서도 면접에서도 피상적인 문구로 포장된 핵심 없는 이야기만 했다. 해당 직무에서 어떤 역량이 왜 필요한지 아는 것만으로도 취업에 매우 가까이 다가갈 수 있다. 네 번째, 직무와 산업군의 이슈를 파악하는 것이다. 직무 선배들에게는 취준생들이 알지 못하는 직무 고민이 있다. 이들이 현재 어떤 이슈로 고민을 하고 있는지 물어보자. 그것이 바로 직무 선배들이 현재 가장 시급하게 풀어야 하는 문제이고 가장 고민 중인 문제다. 지원자가 직무 선배들의 고민을 알고 거기에 대해서 생각해 본 다음 자소서를 작성하거나 면접에 임할 수 있다면 그것은 합격을 위한 가장 빠른 길이 될 것이다. 다섯 번째, 직무의 CDP를 파악하는 것이다. 직무를 수행하다 보면 나의 역량과 직무 지식은 계발될 것이다. 그렇게 역량이 계발되어 전문가로 성장하게 되면 사내에서 나의 위치와 직책, 하는 일은 자의든 타의든 바뀌게 된다. 이것을 'CDP', 즉 경력계발과정이라고 한다. 내가 해당 직무에서 어떻게 성장할 수 있는지 확인하는 것이다. 직무의 CDP를 명확하게 알면 미래에 대한 꿈을 꿀 수 있다. 미래에 내가 어떻게 성장해갈지 미리 고민해보고 자소서에 작성해보자. 직무 이해도가 높은 지원자로 보이는 가장 좋은 방법이다.

○ 직무분석 하는 방법

1단계 : 1차 고객(Main), 2차 고객(Sub), 협력업체

첫 번째 단계는 고객을 파악하는 것이다. 고객은 1차 고객과 2차 고객으로 나누어야 한다. 1차 고객은 메인 고객이고 2차 고객은 서브 고객이다. 왜 1차 고객과 2차 고객을 나누어야 할까? 우리는 비즈니스 현장에 가자마자 '나'라는 상품을 모든 사람에게 판매한다고 생각하면 된다. 그런데 회사 홈페이지나 직무 분석표(Job Description)를 보면 메인 고객에게 제공되는 서비스, 즉 과업만 나와 있다. 그렇기 때문에 1차 고객만 파악하는 것은 해당 직무의 50퍼센트만 파악한 것이다.

1차 고객과 2차 고객에 대한 이해를 돕기 위해 예를 들어보겠다. 영업 관리 직무에서 메인 고객은 매장주나 점주들이다. 영업관리자로서 1차 고객인 매장주나 점주들에게 제공하는 서비스도 있지만 회사로 돌아와서 상사에게 보고해야 할 것들, 재무팀에 전달해야 할 것들도 모두 과업이다. 이렇게 더 다양한 과업이 있는데 메인 고객만 알고 있다 보면 그 직무의 과업에 대한 이해도가 낮아질 수밖에 없다. 그 때문에 반드시 1차 고객(메인 고객)과 2차 고객(서브 고객)으로 나누어 파악해야만 한다.

1차 고객은 직무의 핵심 서비스가 전달되는 고객을 말하고, 2차 고객은 1차 고객을 제외한 모든 고객을 이야기한다. 그래서 현직자를 만났을 때 "OO 직무는 메인 고객이 누구인가요?"라고 물어보는 것이다. 그러면 현직자가 질문의 의도를 잘 파악하고 그에 맞는 대답을 해줄 것이다. 2차 고객은 1차 고객을 제외한 나머지다. 상사도 나의 고객이 될 수 있고 부하, 동료, 외주 업체 모두가 나의 고객이 될 수 있다. 그래서 그들이 누구인가를 묻고 표에 적어봐야 하는 것이다. 협력 업체는 따로 정리해서 관리할 필요가 있다.

2단계 : 과업

1차 고객과 2차 고객을 파악한 후에는 1차 고객에게 제공되는 서비스, 즉 과업에 대해 알아보자. 과업을 알아보는 것은 일(하루) 단위로 어떤 일을 하는지 물어보는 것이다. 그 다음에는 주간 단위로 어떤 일을 하는지 물어보자. 하지만 이럴 경우 "일 단위로 하는 걸 5번 반복하면 주간 단위로 하는 일이지"라고 대답할 확률이 높다. 이에 대비해서 "주간 단위로만 하는 일이 무엇인가요?"라고 물어봐야 한다. 이렇게 물었을 경우 주간 단위에 해당하는 일들을 구체적으로 답해줄 것이다.

주간 단위의 과업을 물어본 다음에는 월 단위, 연 단위까지 물어봐야 하며 세부적으로 1차 고객과 2차 고객에 대한 과업을 모두 파악해야 한다. 1차 고객과의 과업을 일, 주간, 월, 연 단위로 파악하고 2차 고객과의 과업을 일, 주간, 월, 연 단위로 파악한다. 조금 귀찮다고 생각될 수 있는 과정이지만 인터뷰에서 많은 것을 알아낼수록 내 자소서를 작성할 때 활용할 내용도 많아진다는 것을 기억하자.

3단계 : 직무의 최근 이슈 및 해결 과제

분석하고자 하는 직무에서 가장 이슈가 되고 있는 문제나 가장 시급하게 해결해야 하는 고민거리가 무엇인지 물어보자. 최근이 아니라면 평소 가지고 있던 고질적인 문제도 괜찮다. 이와 더불어 산업군, 회사의 최근 이슈, 해결 과제를 알 수 있다면 더욱 좋다. 현직자의 고민을 같이하고 있다는 것을 보여 주는 것은 직무이해도를 보여 줄 수 있는 가장 좋은 방법이다.

4단계 : 해결 방법

봉착한 문제를 어떻게 해결해 나가는 방법이다. 작성자가 직접 생각해서 쓴다고 해결책이 나오지는 않지만 현직자 카페나 유튜브 등에서 찾을 수는 있다. 지망하는 산업군이나 직무와 비슷한 업무를 하는 이들의 해결책을 참고하면 좋고 현직자에게 직접 문제 해결 방법을 물어도 된다.

5단계 : 역량

이렇게 과업을 다 파악하고 나면, "해당 과업들을 수행하기 위해서는 어떤 역량이 필요한가요?"라고 물어보자. 예를 들어, 매출 관리 과업을 수행하기 위해서는 다양한 역량이 필요하다. 재무제표를 읽을 줄 알아야하고 매출을 확인해서 피드백을 주며 목표를 설정하는 포괄적인 일도 해야 한다. 이때 필요한 역량들로 커뮤니케이션 능력, 목표달성 능력 등 다양한 역량들이 나올 것이다. 그리고 우리는 그 역량들을 직무분석 테이블에 다 적어야 한다. 적는 과정에서 본인이 과업에 대해 이해가 되지 않는 부분들이 있다면 더 세부적으로 물어봐야 한다. 이를 통해 내가 어떤 부분에서 부족한지를 파악할 수 있고 직무를 수행하면서 어떤 일을 해야 하는지 머릿속에 그려볼 수 있다.

이렇게 필요한 역량들을 다 알아본 다음에는 핵심 역량을 파악해야 한다. 이렇게 많은 역량을 다 자소서와 면접에서 어필하는 것에는 한계가 있기 때문이다. 핵심 역량이 무엇인지 파악하기 위해서 현직자에게 "이 역량 중 핵심 역량은 무엇인가요?"라고 묻는다면 절대 하나를 고르지 못할 것이다. 그렇다면 어떻게 질문해야 할까? 핵심 역량이 무엇이냐고 묻는 것보다는 제일 중요하거나 가장 많이 하는 과업이 무엇이냐고 묻는 게 좋다. 현직자는 역량 전문가가 아닌 직무 전문가이기 때문이다. 자주 수행하는 과업에서 필요한 역량이 바로 핵심 역량이다. 이렇게 파악한 핵심 역량을 나의 경험과 결합해서 자소서와 면접장에서 이야기하면 된다.

6단계 : 직무의 연차별 경력개발과정(CDP)

4단계까지 다 끝낸 다음엔 마지막으로 물어봐야 할 것이 있다. 바로 직무의 연차별 경력계획, CDP다. 직무의 연차별 CDP를 알면 입사 후 포부 문항을 최고 수준으로 작성할 수 있다. "이 직무를 수행할 때 연차가 달라지면서 저의 능력이 계발될 텐데 연차마다 어떤 직책을 맡을 수 있고 어떤 일을 하게 되며 어떤 루트의 부서 이동이 가능할까요?"라고 질문하자. 이때 CDP가 딱 하나로 나오지는 않는 것은 현직자들의 앞에 여러 가지 길이 있기 때문이다. 이런 다양한 길들을 알아보고 이를 직무 분석에 적어보면서 최종적으로는 무엇이 될 수 있는지, 하는 일이 어떻게 바뀌는지를 알아 가면 된다.

7단계 : 추가 질문

이 모든 단계를 거친 여러분은 직무분석을 다 끝낸 것이다. 이렇게 직무분석에 필요한 질문을 다 하고도 추가로 질문을 할 수 있다면 추천하는 질문들이 있다. 그 중 하나는 "입문 교육에서 강조하는 것은 무엇이냐"이다. 입문 교육에서 강조하는 것이야 말로 그 회사가 추구하는 문화이기 때문에 알아 두면 좋다. 입문 교육에서 인사하는 것을 강조한다면 인사 문화를 중시하는 회사이고 협동심을 강조하는 회사라면 협동심을 중요하게 생각하는 회사다. 더불어 입문 교육

필독서를 물어보는 것도 좋다.

또한 회사가 생각하는 경쟁사를 물어보는 것도 좋다. 보통 업계 1위나 2위를 목표로 하지만 그 외에도 회사가 생각하는 경쟁사가 따로 있을 수 있다. 나아가 회사가 생각하는 본인들만의 경쟁력을 물어보는 것도 좋다. 또한 회사가 가고자 하는 지향점을 묻고 답변을 듣는다면 직무분석을 통해서 현직자에게 알아낼 수 있는 모든 것을 다 얻어낸 것이라고 할 수 있다.

○ 현직자를 만나는 방법

이렇게 현직자를 만나 인터뷰를 통해 직무분석을 하는 방법을 알아보았다. 그러면 여기서 '인터뷰하는 방법은 알았는데 인터뷰를 해줄 현직자는 어떻게 만나야 하지?'라는 의문이 들 수 있다. 사실 인터뷰 방법을 아는 것보다 더 중요한 게 현직자를 만나는 일이다. 그리고 취준생들이 가장 어려워하는 부분이기도 하다. 다음은 현직자를 어떻게 만나야 하나 고민하는 분들을 위한 '현직자를 만나는 3가지 방법'을 소개한다.

첫 번째는 지인을 통해서 현직자를 소개받는 것이다. 3가지 방법 중 가장 좋은 방법이다. 하지만 주변에 현직자를 연결해 줄 지인이 없으면 실행할 수 없다. 그래서 두 번째 방법으로 학교에 있는 취업지원센터에 현직자를 연결해 달라고 하거나 현직자와 멘토링 시스템을 운영하는 일반 사이트나 프로그램을 이용하는 방법이 있다. 세 번째는 직접 사옥을 방문하는 방법이다. 아무 연고도 없는 곳에 직접 찾아간다는 것이 참 어렵고 망설여지는 일이라는 것을 잘 안다. 하지만 용기를 내서 직접 사옥을 방문해 한 명의 현직자를 만나면 이것이 계기가 되어 꼬리에 꼬리를 물고 여러 명의 현직자를 이어서 만날 수도 있다.

현직자를 만나는 게 쉬운 일도 아닌데 왜 이렇게 계속 현직자를 만나라고 하는 걸까? 면접장에서 현직자를 만난 사람과 그렇지 않은 사람 간에 직무 이해도 측면에서 차이가 발생하기 때문이다. 그래서 취업 준비를 하는 동안 한 번쯤은 현직자를 만나는 것을 추천하는 것이다.

직무분석 테이블 활용 예시

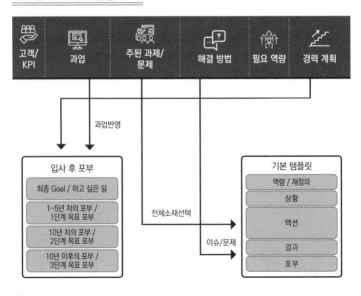

직접 작성해보는 직무분석 테이블

고객/KPI	과업	주된 과제/문제	해결 방법	필요 역량	경력 계획
Main					
Sub					
협력업체					

역량
사전

역량 사전에는 다양한 역량에 대한 정의와 액션 지표를 모아놓았다. 만약 자소서를 작성하다가 필요한 역량에 대한 경험이 없거나 내용이 써지지 않는다면 역량 사전 속에 해당하는 항목을 통해서 예시를 얻고 작성 시간을 단축시킬 수 있다.

역량 항목	역량 정의	자소서에 반드시 들어가야 할 핵심 액션 지표
갈등관리	갈등이 발생했을 때 적극적으로 대화를 유도하여 타협을 이끌어내며 이견과 공감적 요소들을 잘 파악하여 합의점을 도출하는 역량	1. 객관적 정보를 바탕으로 문제의 원인과 핵심 이해관계자를 파악한 경험 2. 갈등상황 중에도 긍정적이고 개방적인 태도로 협력을 이끌어낸 경험 3. 대화를 주선하고 중재함으로서 공통의 목표를 도출해 WIN-WIN하는 합의점을 이끌어낸 경험
계획력	관련 정보를 최대한 활용하고 예상되는 장애 요인을 감안하여 실현 가능한 구체적 계획을 수립하는 역량 우선순위를 고려하여 계획을 세우고 자원을 배분하는 역량	1. 업무의 우선순위와 비중을 적절히 안배하여 계획을 수립한 경험 2. 예상할 수 있는 각종 장애 요인들을 감안하여 계획을 수립한 경험 3. 초기 계획의 효과가 부진한 경우에 대비하여 위기대응 계획을 수립한 경험
고객 지향성	고객의 입장에서 생각하고 고객의 기대 및 요구사항에 대해 신속하게 대응함으로써 고객의 만족과 감동을 이끌어 내는 역량	1. 나만의 방식으로 고객데이터를 수집하고 분석한 경험 2. 내/외부의 고객 만족도를 확인할 수 있는 나름의 지표를 만들고, 수시로 만족 여부를 점검한 경험 3. 고객의 요구를 능동적으로 찾아낸 경험 4. 고객들의 불만을 줄이기 위한 방안을 지속적으로 강구해서 실행한 경험 5. 고객의 불만이나 질문에 앞서서 반응하고 행동한 경험

역량 항목	역량 정의	자소서에 반드시 들어가야 할 핵심 액션 지표
기획력	상급 조직의 방침과 목표를 정확히 숙지하여 담당 부서의 목표 달성 전략을 체계적으로 제시하고, 구체적 추진 전략을 독자적으로 기획하는 역량	1. 조직의 중장기적 목표를 고려하여 주어진 업무의 중장기적 세부 목표를 수립하여 실행한 경험 2. 분석 자료 및 통계자료, 실적 등을 바탕으로 현실을 명확히 분석한 경험 3. 장기적 비전을 바탕으로 세부적인 실행 사업 계획을 수립해본 경험
도전정신	자신감을 가지고 자신의 영역을 벗어나는 새로운 과업에 도전하는 역량과 새로운 가치를 창출할 수 있는 변화나 개선의 기회를 찾아내고 이를 실행하기 위한 구체적인 방법을 모색, 과감히 현상을 타파하여 난관을 극복하고자 하는 태도	1. 현재의 상황에서 더 나은 앞날을 위해 위험을 감수하더라도 목표 이상을 달성하고자 노력한 경험 2. 과거 경험이나 관례에 맞지 않더라도 새로운 방식을 과감히 실행에 옮긴 경험 3. 새로운 계획 실행에 자원과 시간을 과감하게 투입한 경험 4. 결과가 다소 불분명하더라도 기회를 포착하거나 새로운 목표로 간주하고 과감하게 시도해 본 경험
리더십	팀원 각자에게 전체 조직이나 팀의 공통된 비전과 목표를 명확하게 제시하고, 효과적인 업무 지시와 동기부여를 통해 팀원들을 이끌고 자극하여 업무 목표달성을 촉진시키는 역량	1. 어려운 환경에서도 팀원들에게 동기부여하여 문제를 해결하고 목표를 달성한 경험 2. 팀원의 의견을 적극적으로 검토하고, 이를 효과적으로 활용하여 의사결정한 경험 3. 업무수행의 과정과 품질을 지속적으로 점검하고 부족한 부분을 효과적으로 지원해준 경험
문제 해결력	익숙하지 않은 문제에 직면해도 당황하지 않고, 논리적으로 문제해결의 실마리를 찾아내며, 객관적인 자료를 근거로 문제의 원인을 정확히 파악할 수 있고, 문제의 핵심에 빠르고 정확히 접근하는 역량	1. 객관적 자료를 토대로 문제의 원인과 결과를 논리적으로 파악한 경험 2. 문제의 핵심을 빠르게 파악하고 신속하게 대응한 경험 3. 문제해결을 위한 다양한 대안들을 만들고 그 현실성을 검토하여 성과 낸 경험 4. 최적의 문제해결 방안이 무엇인지 신속, 정확하게 판단한 경험
분석력	주어진 상황/과제/문제를 체계적으로 분해하여 분석하고, 논리적으로 상황·데이터 속에서 인사이트를 찾아 과제·문제의 의미와 원인, 상호 연관성 등을 파악하는 역량	1. 과거 사실, 통계 자료에 대하여 깊이 있게 분석하여 성과 낸 경험 2. 각종 대안의 장단점을 체계적이고 종합적으로 파악하여 성과 낸 경험 3. 경제 지표를 주시하고 향후 트렌드가 어떻게 변화할 지 예측하여 성과 낸 경험
설득력	자신의 입장과 견해를 논리적이고 설득력 있는 방식으로 제시하여 타인들로부터 필요한 지지와 지원을 이끌어내며 효과적인 지지를 얻어내는데 필요한 정보와 데이터를 효율적으로 이용하는 역량	1. 자신의 생각과 아이디어를 설득력 있게 제시하여 상대방을 설득한 경험 2. 구체적인 시각 자료, 실례, 시범 등을 통해 자기 입장을 다양한 형태로 표현한 경험 3. 어려운 상황에서도 협상을 이끌어 낸 경험 4. 개인 및 집단에 영향력을 행사하여 자신의 견해를 관철시키고 타인의 생각과 행동을 변화시킨 경험

역량 항목	역량 정의	자소서에 반드시 들어가야 할 핵심 액션 지표
성과(성취) 지향성, 목표달성 능력	여러 가지 장애에도 불구하고 결과와 목표달성에 강하게 집착하는 태도, 어떤 어려움이 있어도 쉽게 목표를 수정하지 않고 추진하는 역량, 높은 목표를 세우고 최고의 수준에 도전하고자 하는 역량	1. 자신에게 요구된 것 이상의 목표를 설정하고 이를 추구한 경험 2. 목표 달성을 위해 가능한 자원, 기술, 인력 등을 최대한 동원한 경험 3. 항상 자신이 수행한 업무 결과를 검토하여 문제나 미비점, 보완점을 찾아 개선한 경험 4. 주변 직원들의 높은 목표 달성을 독려하고 지원한 경험
수리감각 및 수익성	계산이 빠르고 정확하며 매출액, 인원 수, 비율 등 숫자로 표현되는 데이터를 잘 다루는 역량 경제적 가치와 손익에 민감하여 이윤 창출을 이뤄내는 역량	1. 정량적 자료를 정확하고 실수 없이 다룬 경험 2. 회계, 통계 등의 데이터를 능숙하게 다루어 의미있는 결과를 도출해낸 경험 3. 정확하고 시기적절한 예산 및 비용관리를 통해 성과 낸 경험 4. 수익성을 고려하여 가장 효율적인 방안을 제시하여 성과 낸 경험
의사결정, 판단능력	객관적 근거와 논리를 가지고 타당한 결론을 내리는 역량, 의사결정을 위한 정보가 불충분한 상황에서도 신속, 정확하게 의사결정 함으로써 타이밍을 놓치지 않는 역량, 의사결정의 파급효과를 정확히 예측하여 결정하는 역량	1. 의사결정 시 다양한 의견을 수렴한 후 결정 변수에 대해 충분한 토론을 거쳐 합의점을 끌어낸 경험 2. 적절한 타이밍의 의사결정으로 성과 낸 경험 3. 다소 자료나 정보가 미흡하고 불확실한 경우라도 정확하고 소신 있게 결정한 경험 4. 수집된 정보의 가치와 중요도를 잘 분별하여 결정에 반영한 경험 5. 논리적인 근거에 입각해서 판단, 결정한 경험
자기계발	자신을 발전시키기 위해 다양한 기회를 추구하는 역량, 자신에 대한 주변 사람들의 피드백을 적극적으로 수용하는 역량	1. 상대방의 조언을 수용하여 개선한 경험 2. 본인의 부족한 부분을 파악하고, 이를 보완하기 위해 적극적으로 노력한 경험 3. 자기계발 계획을 세우고 실행한 경험
적응력	다양한 환경 변화에도 신속하고 적절하게 대처하는 역량, 상반된 견해와도 타당한 부분이 있다면 변화를 수용하는 역량	1. 예상치 못한 변화에 당황하지 않고 처리한 경험 2. 새롭게 바뀐 업무 프로세스를 완전히 이해하기 위해 노력한 경험 3. 현재의 상황에 맞춰 새롭고 효과적인 방식을 적극적으로 도입한 경험
전략적 사고력	문제 해결과 목표 달성을 위해 내·외부적, 중장기적 요인을 고려하고, 체계적이고 조직화된 실행방안을 기획하며 효율적으로 자원을 배치하는 역량	1. 주어진 업무를 난이도, 시급성, 중요도 등의 여러 기준을 활용하여 체계적으로 분석, 비교한 경험 2. 업무 처리절차에 관한 갈등 발생시 전략적으로 우선시 되는 사항들을 먼저 찾아내어 처리한 경험 3. 프로젝트 진행시 잠재적 문제점이나 상황 변화를 고려하여 미리 대응방안을 수립한 경험

역량 항목	역량 정의	자소서에 반드시 들어가야 할 핵심 액션 지표
정보수집 능력	일이나 행동 및 그와 관련되는 정보들을 일정한 순서에 따라 지속적이며 체계적으로 수집하고 분류하여 이를 업무에 활용하는 역량	1. 의사결정을 위해 꼭 필요한 고급 정보를 적시에 획득하여 사용한 경험 2. 최종적인 의사결정에 이르기 전에 다양한 사람들로부터 조언과 자문을 구한 경험 3. 필요한 정보를 스스로 알아내어 비교, 분석, 활용한 경험 4. 얻은 정보를 체계적으로 분류하고 관리하여 공유한 경험
정직, 윤리 의식	도덕적 기준이 높고 양심과 조직의 가치와 기준을 준수하는 역량	1. 윤리적 문제가 생겼을 경우 자신의 이익을 포기하더라도 윤리적 기준에 따른 경험 2. 불이익이 있더라도 바른 도덕적 신념을 지킨 경험 3. 다른 사람의 비윤리적인 행동을 보고 이의를 제기하고 수정하도록 한 경험
주도성 (적극성)	자발적으로 업무와 관련되는 미래를 예측하여 조치를 취하고 적극적으로 일을 실행하려는 역량, 개인의 범위를 넘어서 적극적으로 일에 참여하고 주도하는 역량	1. 맡겨진 역할과 요구받은 것 이상의 일을 실행한 경험 2. 주변의 다양한 환경 변화에도 영향을 받지 않고 본인의 계획한 바를 이룬 경험 3. 주어진 과업 또는 일 외에 스스로 목표를 세우고 목표 달성을 위해 노력한 경험 4. 예측되는 상황을 미리 대응하고 대비한 경험
창의력	다양하고 독창적인 아이디어를 발상, 제안하고 이를 적용 가능한 아이디어로 발전시켜 나가는 역량, 개념적 추리를 통해 기존 지식을 응용하거나 새로운 지식을 만들어 낼 수 있는 역량, 업무를 수행함에 있어 기존의 틀에 국한되지 않고 새로운 사고방식이나 창의적 해결방법을 찾아내는 역량	1. 서로 무관하거나 상반된 기존의 개념 틀을 연결하여 새로운 개념을 만들어 낸 경험 2. 다양한 각도에서 여러가지 새로운 방법을 생각해 낸 경험 3. 새로운 아이디어나 절차를 실제로 적용하고 업무에 반영하려 노력한 경험 4. 다른 사람이 보기 힘든 연계나 패턴을 찾아낸 경험 5. 실패할 위험성이 있더라도 새로운 방식으로 접근하거나 시도하여 성과 낸 경험
책임감	조직인으로서 자신의 역할과 책임을 충분히 인식하고 최선을 다해 업무를 수행하는 태도, 책임회피나 전가를 하지 않고 끝까지 목표를 완수하는 태도	1. 끝까지 완수하고자 하는 의지로 마감기일과 달성하고자 하는 일의 질, 양을 만족시킨 경험 2. 추진 업무의 오류 시 책임을 회피하지 않고 실패에 대한 적절한 대응을 한 경험 3. 정해진 목표를 철저히 완수하고 업무와 성과에 책임을 진 경험 4. 주인의식을 가지고 자발적으로 기여하는 사람이라는 평가를 받은 경험
체계적인 사고	명료하지 않은 현상의 규칙을 파악하여 복잡한 상황을 단순화시켜 과정을 도출해내는 역량	1. 업무 프로세스를 재구성하여 새로운 성장과 수익을 창출한 경험 2. 조직의 업무 패턴을 파악한 뒤 종합적인 시각에서 업무를 처리하여 성과 낸 경험 3. 현재의 상황이나 문제를 체계적인 범주로 처리하여 성과 낸 경험

역량 항목	역량 정의	자소서에 반드시 들어가야 할 핵심 액션 지표
추진력	업무수행과정에서 나타나는 장애와 난관을 제거하고, 진행 상황을 정기적으로 점검하며, 상황에 따라 목표달성을 위한 접근방식을 융통성 있게 변경할 수 있는 역량	1. 업무 진행 상황을 정기적으로 점검해서 목표달성에 차질이 없도록 이끈 경험 2. 예상치 못한 문제점 발생시 목표달성을 위한 접근 방식을 적절하게 수정하여 대처한 경험 3. 시간에 쫓기고 반대에 부딪쳤을 때에도 일관성 있게 추진한 경험
치밀성	업무 결과에 영향을 미치는 부분들을 반드시 확인하고 점검하여 업무상 오류를 최소화하는 역량, 각종 정보나 데이터의 정확성을 수차례 확인하고 꼼꼼하게 점검하는 역량	1. 아무리 작은 일이라도 결과물에 영향을 미치는 모든 영역을 철저하게 검토하고 준비한 경험 2. 업무 점검을 위한 방법과 절차를 준비한 경험 3. 각종 정보나 데이터의 정확성을 이중으로 확인한 경험 4. 품질에 영향을 주는 모든 부분을 확인 후 꼼꼼하게 점검하는 경험
커뮤니케이션 능력	상대방의 의견을 경청하며 상대방의 수준과 상황을 고려하여 자신의 의견이나 정보를 정확하게 전달하는 역량, 언어적·비언어적 방법이나 글로써 자신의 의견이나 생각을 명확하고 논리적으로 전달하는 역량	1. 상하·좌우간 인간관계에서 정확하게 의사를 전달하여 성과낸 경험 2. 팀원의 수준에 맞게 의사를 표현하거나, 의사전달의 목적이 무엇인지 이해시켜 성과 낸 경험 3. 언어 외의 다른 표현능력을 동원하여 의사전달의 왜곡을 피해 성과 낸 경험 4. 제대로 전달되었는지 꼭 피드백 하거나 대화를 부드럽게 이끌어 성과 낸 경험
팀워크	조직의 목표 달성을 위해 팀원들 간의 협조를 이끌어내는 역량, 업무와 관계된 다양한 정보를 팀원과 공유하려고 노력하며 어려움에 처한 동료를 적극적으로 나서 도와주고자 하는 역량	1. 업무 수행에 도움이 되는 정보를 팀원이나 타 부서 사람들과 적극 공유한 경험 2. 팀 분위기를 잘 조장해서 팀원들의 목표 달성을 위해 동기 부여한 경험 3. 동료가 도움을 필요로 할 때나 도움을 요청하기 전에 먼저 동료들에게 도움을 준 경험 4. 팀의 최종 결정사항이 자신의 입장을 충분히 반영하지 않을지라도 그 결정에 따른 경험
혁신 사고력	기존의 업무방식, 프로세스에 대한 문제의식을 가지고 좀 더 효율적이고 효과적인 방안을 제시하는 역량	1. 전통이나 관례에서 문제를 발견하고 이의를 제기한 경험 2. 기존의 업무 프로세스의 개선안을 제시하여 성과낸 경험 3. 문제에 봉착했을 때 기존의 방식이 아닌 새로운 방식과 대안으로 해결한 경험

3

자소서 가독성 높이기

작성 흐름

단락 구성

핵심 포인트

자소서 합격률을 높이는 3요소

앞에서 자소서 합격률은 경험의 포텐셜에 따라 이미 어느 정도 정해져 있다고 했다. 하지만 그 속에도 합격률을 높일 방법은 존재한다. 내 합격률을 최대로 높이기 위해서는 합격률을 높이는 3가지 요소를 반드시 지켜야 한다. 이 3가지 요소가 합격률을 드라마틱하게 높일 수 있다고 할 수는 없다. 하지만 이 3가지 요소를 잘 충족시키지 않는다면 자신의 경험 포텐셜을 다 쓰지 못한다고 보면 된다. 지금부터 자소서 합격률을 높이는 3가지 요소에 대해 알아보자.

첫 번째는 가독성이다. 자소서도 결국 누군가가 읽어야 하는 글이기 때문에 가독성은 정말 중요한 요소다. 자소서를 평가하는 사람들은 대부분 현직자다. 자소서를 수없이 많이 보고 문항을 개발한 채용팀이 아니라는 것이다. 자소서를 평가하는 사람 입장에서 자소서는 나의 퇴근을 막는 과제 같은 것이다. 채점자는 자소서만 읽어온 전문가도 아니고 의미를 생각해가며 여유롭게 읽을 시간도 없다.

읽는 사람의 입장에서 가독성이 떨어지는 자소서는 좋은 평가를 받기 힘들다. 가독성이 떨어지는 자소서의 경우 자신이 어떤 사람인지, 어떤 역량을 가졌는지를 잘 드러낼 수 없다. 우리는 나를 잘 드러내고 자소서가 잘 읽히게 하기 위해서 가독성이 좋은 자소서를 쓸 필요가 있다.

두 번째는 재료 선정이다. 이는 자소서에서 가장 중요한 내용이며 재료를 어떤 것으로 선정하느냐, 나의 경험을 어떤 측면에서 바라보느냐에 따라 당락의 90퍼센트가 결정된다고 보면 된다. 맛있는 북엇국을 끓이기 위해서는 북어를 넣어야 하는데 우리는 북어의 의미를 자의적으로 잘못 해석하거나 북어를 넣지 않고 삼겹살이나 다른 재료를 넣는 실수를 한다. 물론 삼겹살을 넣어도 맛있을 수는 있다. 하지만 원래 만들려던 것은 북엇국이기 때문에 결국 아무리 맛이 있어도 의미가 없는 것이다. 누가 북엇국을 끓이는데 삼겹살을 넣겠냐고 말할 수도 있지만 이를 자소서로 치환해보면 대다수의 사람이 경험하는 실수다. 문항 의도를 잘 파악하지 못해서, 더 생각하기 귀찮아서, 빨리 쓰고 싶어서 문항과 맞지 않는 경험과 역량을 쓰기 때문이다. 커뮤니케이션을 무엇이라고 정의할까? 지금 생각해보자. 바로 답이 나오지 않는다거나 나오더라도 이 답이 맞는지 의문이 들 것이다. 우리는 앞서 설명한 경험 분해와 직무분석을 했기 때문에 재료 선정을 하는 데 그리 어려움이 있지 않을 것이다. 만약, 아직도 경험 분해와 직무분석을 하지 않았다면 지금 당장 시작해보자. 또한, 이후에 설명할 문항별 설명에서 말하는 핵심 행동지표들을 확인하고 숙지하자.

세 번째는 필력이다. 첫 번째 요소인 가독성을 높이기 위해서도 필력은 중요한 요소다. 우리는 자소서를 빠르고 쉽게 쓰기 위해 템플릿을 사용하기도 한다. 그렇게 템플릿을 사용해 부분 부분을 쓰더라도 그 부분들을 전체로 합치는 것은 어렵다. 필력 때문이다. 자소서를 쓰는 것도 글을 쓰는 것이기 때문에 어느 정도의 필력이 필요하다. 필력은 왜 부족한 것일까? 답은 간단하다. 책을 읽지 않기 때문이다. 그러면 지금부터라도 책을 많이 읽으면 될까? 필력을 좋게 하는 방법이 맞긴 하지만 이 경우에는 최소 몇 년의 시간이 걸린다.

그렇다면 어떻게 해야 단기간에 필력을 늘릴 수 있을까? 합격 자소서를 많이 보면 된다. 단, 이 책을 다 읽은 뒤에 보길 권한다. 지금은 아무리 합격 자소서를 봐도 어떤 점에서 잘 썼는지 파악하기가 어렵기 때문이다. 이 책을 다 읽은 뒤에 각 문항을 쓰는 방법, 재료를 선정하는 방법을 익힌 후에야 잘 쓴 자소서와 못 쓴 자소서를 구분할 수 있을 것이다.

잘 쓴 자소서와 못 쓴 자소서를 구분하는 것이 가능해지면 잘 쓴 자소서의 구조를 참고해서 쓸 수 있다. 만약 자신이 필력이 부족해서 부분적으로 쓴 내용을 전체로 합치는 것에 어려움을 겪고 있다고 하자. 이때 잘 쓴 자소서 중 유난히 내용 연결이 자연스럽게 잘 된 것들을 참고하면 된다. 그런 자소서들을 보고 어떤 단어를 써서 연결하는지, 어떤 방법으로 연결하는지를 파악하여 자신의 자소서에 적용하면 된다.

자소서
작성 흐름

지금까지 자소서를 쓰기 전 가져야 할 마인드와 경험 분해, 직무분석을 하는 방법에 대해 알아보았다. 그렇다면 이제 진짜로 자소서를 쓸 준비가 다 되었다. 지금부터는 자소서의 가독성을 높이는 방법에 대해 알아보자. 먼저 자소서 작성 흐름은 어떻게 구성되어있는지 살펴보자.

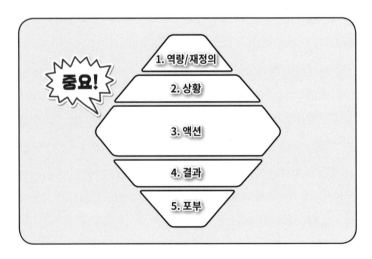

자소서 작성 흐름은 '역량-재정의-상황-액션-결과-포부'의 총 6단계로 구분된다. 자소서 작성 흐름은 스킬적인 부분이다. 물론 이 흐름이 정답이라고 할 수는 없다. 하지만 내가 인사담당자로 일하고 취준생들을 돕는 일을 하면서 수많은 자소서를 읽어본 결과 이 작성 흐름이 지원자의 역량을 가장 잘 보여 주는 흐름이라고 생각한다. 이 흐름대로 작성하면 자소서 시작과 끝부분에 자신의 역량을 말해줌으로써 읽는 이에게 자신의 강점을 확실하게 각인시킬 수 있다.

　작성 흐름의 6단계에서 첫 번째 단계는 역량 부분이다. 역량 부분에서는 자신의 역량과 경험을 요약한다. 한 문장으로 간단하게 "A라는 경험을 통해 B라는 역량을 길렀습니다.", "B라는 역량을 통해서 A를 달성할 수 있었습니다."라는 식으로 요약하면 된다. 자소서의 시작 부분에서 내가 가진 역량을 알려주는 것이다. 자소서에서 이 부분이 있고 없고는 정말 큰 차이가 난다. 역량 부분이 있는 경우 지원자가 어떠한 역량이 있는지 아는 상태로 자소서를 읽을 수 있기 때문이다.

　두 번째 단계는 재정의 부분이다. 재정의는 역량 부분에서 요약한 자신의 역량을 내재화하여 다시 표현해주는 것으로 가장 중요한 부분이다. 대부분은 "저는 창의력이 있습니다."라고 쓴 뒤 바로 자신의 경험으로 연결하는 경우가 많지만 이것만으로는 부족하다. 그렇다면 어떻게 써야 할까? 여기서 역량 재정의를 통해서 하나의 요소를 더해주어야 한다. 자신이 가지고 있다고 말한 역량의 뜻을 한 번 더 정의해 주는 것이다. 예를 들어, 커뮤니케이션의 경우 "제가 생각할 때 커뮤니케이션에서 가장 중요한 것은 다른 사람에게 이야기를 전달하고 끝내는 것이 아니라 상대방이 정확히 이해했는지를 확인하는 것입니다."라고 쓸 수 있다. 혹은 "제가 생각하는 목표달성능력이란 주어진 목표가 있으면 어떻게 해서든지 난관을 극복하고 끈기있게 버텨서 달성하는 것입니다."라고 써주는 것이 재정의이다.

세 번째 단계는 상황 부분이다. 상황은 나의 역할, 과업, 내가 겪은 문제를 요약해 주는 부분이다. 예를 들어, "2017년도 카페에서 바리스타로 일하면서 매출이 떨어지는 상황이 생겼습니다."라는 식으로 내가 겪은 문제, 난관, 어려움, 주어진 과업, 처한 상황 등을 써주면 된다.

네 번째 단계는 액션 부분이다. 액션은 세 번째 단계에서 발생한 상황을 해결해 온 과정을 적으면 된다. 예를 들어 "매출이 축소된 문제를 해결하기 위해서 고객의 이용 성향을 분석해 온라인 홍보를 했습니다.", "신상품을 만들었습니다." 등과 같은 내용을 액션 부분에 쓰면 된다. 액션 부분은 자소서를 구성하는 단락 중에서 가장 중요한 부분이기도 하다. 액션이야 말로 나의 역량이 드러나고 내가 앞에서 말한 역량을 뒷받침해 줄 근거가 되기 때문이다. 그래서 액션 부분은 간략하게 쓰는 것이 아니라 자신이 한 행동을 세세하게 써야 한다.

다섯 번째 단계는 결과 부분이다. 결과는 상황과 문제를 해결한 결과를 그대로 적으면 된다. 결과를 쓸 때 사람들은 결과에 집착하는 경향이 있다. 하지만 중요한 것은 결과가 아니다. 자소서에서는 결과 부분이 평가되지 않는다. 성공적인 결과라 할 수 있는 공모전 수상, 자격증 취득 등은 이미 이력서에서 점수를 받고 오기 때문에 자소서에서는 큰 평가를 받지 못한다. 자소서에서 평가를 받는 것은 결과가 아닌 액션 부분이다.

간혹 일부 취준생들은 결과에 집착하다가 거짓말을 하는 경우도 있다. 특히 정량적인 성과를 제시하기 위해서 수치를 쓰는 경우 불확실한 정보를 바탕으로 쓰기 때문에 의도치 않게 거짓말을 하게 될 경우가 있다. 이런 경우 지원자뿐만 아니라 평가자도 내용이 거짓 말일 수 있다고 눈치를 채기 마련이다. 평가자들도 취업 준비 기간을 거쳤고, 아르바이트도 해봤기 때문에 정량적 결과가 쉽게 나오기 힘들다는 것을 잘 알고 있다. 그러니 거짓말을 하면서까지 결과를 꾸며내지는 말자. 그냥 담백하고 간단하게 1~2문장 정도만 쓰면 된다. 마지막 단계는 포부 부분이다. 포부는 직무나 산업에서 실제 일어나고 있는 과업이나 문제를 자신의 역량으로 해결하겠다고 쓰는 것이다. 포부를 쓰기 위해서는 산업군과 직무에서 겪고 있는 문제나 과업을 알아야 한다. 이는 앞서 진행한 직무분석을 통해 확인할 수 있다. 포부는 자소서에서 그다지 중요한 부분이 아니기 때문에 너무 공들여서 시간을 빼앗기지 않도록 한다.

○ 재정의

이 중 가장 중요하게 여겨지는 것은 재정의 부분이다. 자신이 생각하는 역량이 무엇인지를 쓰는 것도 재정의가 될 수 있고 자소서의 액션 부분을 요약 정리한 것도 재정의가 될 수 있다. 예를 들어, 리더십 문항 자소서의 액션 부분에 뒤처지는 팀원을 챙겨주고 도와준 내용을 썼다면 재정의에 "저는 뒤처지는 팀원을 도와주고 이끌어 리더십을 발휘한 경험이 있습니다."라고 써도 된다.

재정의가 필요한 이유는 사람마다 생각하는 역량의 정의가 모두 다르기 때문이다. 그래서 재정의를 통해 내가 역량에 대해서 어떻게 이해하고 있으며 그것을 어떻게 내재화해서 현실에서 발휘하고 있는지, 할 수 있는지를 말해줘야 한다. 예를 들면 공기업의 경우 인재상에 창의력이 들어가 있는 경우가 많다. 이렇게 쉽게 업무와 연관 짓기 어려운 역량을 재정의를 통해서 보여줄 수 있다. 이를테면 "행정 업무를 하면서 정해진 과업을 수행하는 중에도 기존의 것에 안주하지 않고 보다 효율적인 업무 방법을 찾기 위해서 노력하겠습니다."라는 식으로 쓰면 창의와 연관 지은 재정의가 완성된다. 소통 역량을 강조하고 싶으면 "신입사원의 경우 대민업무를 주로 담당하는데 그 대상은 대부분 나이가 많으십니다. 그래서 저는 어르신들의 눈높이에 맞춰서 소통하겠습니다."라고 쓰면 된다.

이처럼 재정의는 문제의 현상이 아니라 원인을 찾아 해결하는 문제해결력을 엿볼 수 있어서 중요하게 여겨진다. 또한 자소서에 나올 상황, 액션, 결과를 요약해서 보여줄 수도 있기 때문에 핵심적인 부분이다. 내용을 구성하기 어렵다면 2장의 역량사전을 참고하자. 각 역량에 따른 정의와 핵심 액션 지표를 요약해서 정리하면 된다. 역량과 재정의는 자연스러운 문맥을 위해서라면 순서가 바뀌어도 상관없다.

여기까지 자소서 작성 흐름 6단계를 알아보았다. 이는 자소서 작성 흐름이기도 하지만 동시에 면접 스크립트의 구성 단계이기도 하다. 이 흐름대로 작성한 자소서를 500자로 요약하면 면접 스크립트가 된다.

자소서
단락 구성

자소서 합격률을 높이는 3가지 요소 중 가독성이 있었다. 가독성을 높이기 위해서는 필력을 좋게 해야 한다고 했는데 필력 외에도 가독성을 높일 방법이 있다. 바로 단락 구분이다. 단락을 잘 구분지어 주는 것만으로도 자소서의 가독성을 높일 수 있다. 그 때문에 자소서 작성 흐름 6단계를 기본으로 하여 중심 내용이 달라질 때마다 단락을 구분해주어야 한다.

자소서는 300자부터 1,000자, 2,000자까지 정해진 글자 수가 다양하다. 그렇다면 각 글자 수마다 단락 구성은 어떻게 해야 할까? 가장 보편적으로 요구하는 글자 수인 500자와 1,000자를 기준으로 단락 구성과 각 단락의 분량을 알아보자.

500자 기준으로 봤을 때 단락의 분량은 역량 1줄, 재정의 1줄, 상황 1~2줄, 액션 3~4줄, 결과 1줄, 포부 1줄 정도면 된다. 1,000자는 여기서 액션 부분만 늘리면 된다. 500자 기준으로는 3~4줄 분량인 액션 파트를 1,000자일 때는 10줄 내외로 늘려준다. 나머지 부분들은 다 똑같은 분량으로 쓰면 된다. 우리가 자소서에서 평가를 받는 부분은 역량과 액션이다. 하지만 역량은 애초에 길게 쓸 필요 없이 "어떠한 역량이 있습니다."라고만 써도 되는 부분이기 때문에 지원자는 액션 파트를 자세히, 집중적으로 써야 한다.

글자 수에 따른 자소서 구성법

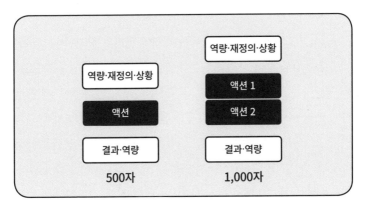

자소서 작성
핵심 포인트

○ 액션 중심 글쓰기

자소서를 쓸 때는 액션을 자세하게 써야 한다고 하지만 대부분은 액션보다 상황을 더 자세하게 쓴다. 왜일까? 이유를 물으면 "자소서를 생생하게 쓰라고 해서"라고 답변하는 경우가 많다. 여기서 생생하게 쓰라는 것은 상황이 아니라 액션이다. 액션이 내 역량과 경험의 근거가 되기 때문이다. 직접 그 일을 경험한 사람은 액션을 생생하게 쓸 수 있지만, 간접적으로 경험한 사람은 불가능할 수밖에 없다. 액션을 생생하게 써줌으로써 내가 이 일을 직접 경험했다는 것을 보여줄 수 있다.

액션을 생생하게 쓰기 위해서는 2가지를 지켜야 한다.

첫 번째, 상황의 길이를 줄여야 한다. 그렇게 하기 위해서는 상황의 시점을 이야기가 시작된 먼 과거가 아니라 내가 강조하고자 하는 액션 바로 앞에 둬야 한다. 즉, 액션이 일어나기 바로 직전의 상황을 써주는 것이다. 예를 들면 "처음에는 A팀에서 팀 프로젝트를 진행했습니다. 그런데 A팀 내부에 불화가 생겨 팀이 해체됐습니다. 그 후 저는 새로운 팀에 들어가 새로운 프로젝트를 시작했고 공모전에 나가기 위해 준비했습니다. 그런데 공모전을 준비하는 중 프로젝트 주제를 선정하는 과정에서 팀원 B와 C 사이에 갈등이 생겼습니다." 라고 상황을 구구절절 상세히 써주는 경우가 있다. 여기서 상황을 줄이고 액션을 늘리려면 그냥 "공모전에 참여하게 되었는데 프로젝트 주제를 선정하는 과정에서 팀원인 B와 C 사이에 갈등이 있었습니다."라고만 쓰면 된다. 액션 부분에 더 많은 분량을 할당하기 위해 상황을 줄이는 것이다.

두 번째, 액션을 묘사해 줘야 한다. 이것도 잘할 수 있고 저것도 잘할 수 있다고 아무리 말해도 면접관들은 믿지 않기 때문에 액션에 대한 구체적인 묘사가 반드시 필요하다. 마치 앞이 보이지 않는 사람에게 눈앞의 상황을 설명하듯이 나의 행동을 하나하나 묘사해 주면 된다. 쉽게 말하면 공을 차는 동작에 관해 설명한다고 했을 때 "앞에 놓인 공을 바라보고, 왼쪽 발을 공 옆에 두고, 오른쪽 발을 뒤로 젖히고, 오른쪽 발을 앞으로 뻗어 공을 찼다"는 식으로 상세히 묘사할 필요가 있다. 이때 두루뭉술한 표현은 피하는 것이 좋다. 예를 들어, 프레젠테이션하기 위해 회사들을 방문한 이야기를 쓸 때 "다양한 회사들을 방문했다"는 말보다는 "10곳의 회사를 직접 발로 뛰며 방문했다"고 명확하게 쓰는 것이 더 낫다.

또한 농구에서 슛을 하기 전에 반드시 드리블 과정이 있어야 하는 것처럼 각 역량에는 꼭 해야 하는 정해진 행동들이 있다. 액션 지표라고 부르는 이런 행동들이 자소서에 표현되었을 경우 면접관들의 신뢰가 높아지게 된다. 예를 들어 자소서에서 "동료가 안전하게 나갈 때까지 문을 잡아당겨 열어주고 있었다"든지 "의자를 빼줬다"라는 내용을 면접관이 본다면 면접자가 주위를 배려하는 사람이라는 인상을 강하게 받게 된다.

하지만 표현하고자 하는 각 역량에 맞는 정확한 행동이어야 설득력을 가질 수 있기 때문에 이에 대한 이해가 필수적이다. "나는 다른 사람의 말을 잘 듣는데 왜 소통 능력이 없다고 하느냐"고 외친다고 면접관은 들어주지 않는다. 소통 능력을 통해서 문제를 해결한 경험과 내가 취했던 액션에 대한 내용이 면접관에게 설득력 있게 다가가야 좋은 평가를 받을 수 있다.

한마디로 요약하자면 액션 중심 글쓰기는 상황은 짧게, 액션은 묘사하듯이 상세하게, 표현은 명확해야 한다고 정리할 수 있다.

○ 수치화

수치화는 경험과 행동의 결과를 숫자로 보여주는 것으로 주관적일 수밖에 없는 경험을 객관화하는 효과가 있다. 또한 행동을 수치로 명확하게 표현할 수 있다는 것은 행동에 대한 진실성을 높여준다. 만약 서류전형에서 진실성을 설득해내지 못할 경우 면접관들은 이를 검증하기 위해서 압박면접을 진행하는 경우가 많기 때문에 나중을 위해서도 수치화는 유용한 방법이 될 수 있다.

명확한 수치를 결과로 제시하기 때문에 평가자들의 시선을 머물게 하는 효과도 있다. 그래서 간혹 어떻게 이런 결과가 나왔는지에 대한 질문이 나올 수도 있다. 때문에 수치가 산출된 과정에 대해서 자신이 설명할 수 있어야 한다. 예를 들어 "행정 업무를 50퍼센트로 줄였다"고 수치를 적었을 때는 "제시한 새로운 방법을 통해 문서를 찾는 시간이 절반으로 줄었기 때문"이라고 미리 답을 준비해둬야 한다.

내가 원하는 부분을 강조할 수 있는 것도 장점이다. 수치를 제시하면 보다 확실하게 성과가 강조되어 보인다. 예를 들면 "매출이 늘어났다"는 말보다 "매출이 전월 대비 2배 이상 늘어났다"고 쓰는 것이다. 이런 수치는 면접관의 관심을 끄는 미끼가 될 수 있지만 대신 향후 질문이 들어오면 수치에 대해 확실한 근거를 제시해야 한다는 점을 명심하자. 최근 취업 컨설턴트를 필두로 다양한 취업 전문가들이 수치화를 필수적인 것으로 교육하고 있는데 근거 없는 수치 제시는 오히려 위험을 불러올 수 있다는 점을 명심하자.

1) 경험, 행동, 결과를 객관화하고 진실성을 높여준다.

파일철의 이름을 필요 업무에 따라 분류하고, 연도별로 순서대로 정리했습니다. 그 결과 문서를 찾기가 수월해졌고 감사 대비 업무를 훨씬 효율적으로 처리할 수 있었습니다.

→ 파일철의 이름을 채용, 교육, 승진 등 업무 프로세스별 5종으로 분류하고, 90년 대부터 2021년까지 연단위로 정리했습니다. 그 결과 문서를 찾는 시간이 이전의 절반으로 줄어 불필요한 행정업무를 예방할 수 있었습니다.

2) 평가자의 시선을 머물게 한다.

B2B 영업에서 시장 분석에 대한 역량을 키우고자, 작년 벤처 화장품 회사에 무급 계약직을 자진하여 수행했습니다. 저의 역할은 1차 진출 시장을 분석, 선정하고 유통 채널을 발굴하는 것이었습니다. ^{좋은 점1}

우선 진출 국가 선정을 위해, 국내 벤처 화장품 회사들의 영업 전략 자료를 모았습니다. 그 결과 현실적인 선적 비용을 따져 '동남아시아 지역'을 선택했고 10여 개의 나라들 중 1차 진출국을 정하는 것이 당면 과제가 되었습니다. ^{좋은 점2} 이를 위해 회사가 공급하는 상품을 분석한 결과, 기존 상품이 미백에 특화되어 있고 공급량이 제한적이라는 것을 알게 되었습니다.

따라서 저는 '미백 제품의 강세 예상'과 '규모가 아닌 시장 성장 속도'를 중심으로 시장을 탐색했습니다. 그 결과 아시아 지역 Top 10 시장 규모를 가지면서 성장 속도가 가장 높고 (연 17퍼센트), 미백에 대한 소비자의 선호도가 높은 (여성 54퍼센트) 베트남 시장을 1차 진출국으로 선정할 수 있었습니다. ^{좋은 점3} 이후 O2O 유통 및 패키지 판촉 전략을 계획하고 실행한 결과 대행 판매 유통 구조를 발굴하여 '투자 유치 성공'이라는 성과를 달성할 수 있었습니다. ^{좋은 점4}

3) 내가 원하는 부분을 강조할 수 있다.

대학 시절 뮤지컬 동아리 활동을 하면서 공연 홍보에 소극적인 부원들을 변화시킨 경험이 있습니다. 저는 개인 스케줄을 핑계로 홍보에 소극적인 부원들에게 먼저 홍보 방식, 홍보 장소 및 시간들을 제안하여 이들의 참여를 유도하였습니다. 또한 티켓 수익금은 곧 동아리 활동비로 쓰이기 때문에 티켓 판매량을 늘리는 것이 재미있는 동아리 활동에 직접적인 도움이 된다는 점을 어필하였습니다. 이런 노력 끝에 소극적인 부원들과 함께 홍보 활동을 하며 90퍼센트에 가까운 티켓 판매량을 달성했습니다. ^{아쉬운 점1}

○ 소제목

소제목은 간단하다. 나의 역량과 액션을 직관적으로 체크 가능한 키워드로 요약해서 쓰면 된다. 예쁘게, 멋있게 쓸 필요가 없다. 자소서에서 본인이 말하고자 하는 것은 역량과 근거(액션)이다. 멋진 비유, 사자성어 등의 표현 없이 소제목을 쓰면 촌스러운 소제목이 될 것이라 말하는 사람도 있지만 그렇다면 오히려 소제목은 촌스러운 게 낫다. 자소서의 내용을 요약해 직관적으로 파악할 수 있게 해주는 역할을 하는 것이 우선이기 때문이다.

'소제목을 촌스럽게 직관적으로 쓰면 남들과 차별화가 안 되는데 어떡하지?'라고 고민할 수 있지만 잘못된 생각이다. 차별화는 소제목이 아닌 액션에서 하는 것이 옳다. 간혹 자신의 역량이 다른 사람과 차별화가 되지 않아 고민이라는 사람들이 있다. 하지만 역량에는 특별한 것이 없다. 한정된 역량 중에서 각자 몇 개를 가지고 있는 것뿐이기 때문에 당연히 겹칠 수밖에 없다. 소제목과 역량이 아니라 자신의 액션을 통해 남들과 차별화하면 된다. 같은 상황에서도 취하는 액션은 사람마다 다르기 때문이다.

소제목에 대해 가지고 있는 잘못된 생각이 하나 더 있다. 바로 자소서를 다 쓴 뒤에 소제목을 써야 한다고 생각하는 것이다. 소제목은 내용보다 먼저 써야 한다. 소제목을 먼저 써서 자소서 내용의 가이드라인으로 삼지 않으면 내용이 산으로 갈 수도 있다. 소제목을 통해 자신이 말하고자 하는 역량, 경험이 무엇인지 명확하게 정리하고 내용을 채워나가자.

○ 하나의 문항에 하나의 역량

취준생들이 흔히 하는 실수 중 자소서에 한 문항에 여러 개의 역량을 쓰는 경우가 있다. 자신의 여러 강점들을 다 어필하고 싶은 마음은 이해가 된다. 하지만 이렇게 되면 의도치 않게 수많은 역량이 함께 섞여 보이게 된다. 취준생들은 경험 자체를 경과 보고하듯이 쓰는 습관이 있어서 자신이 겪은 일을 시간 순으로 나열하기 바쁘기 때문에 구성이 난삽하면 글이 뒤죽박죽이 되기 쉽기 때문이다. 한 문항에 여러 개의 역량이 엉켜있으면 읽는 입장에서도 '아, 이 사람은 역량을 많이 가지고 있구나'라고 생각하지 않는다. 오히려 얻을 수 있는 점수조차 잃게 될 수 있기 때문에 주의해야 한다.

한정된 분량 안에 여러 개의 역량을 쓰려다 보면 글자 수가 부족해 역량을 뒷받침해줄 근거가 없어진다. 이렇게 되면 읽는 사람으로서는 지원자가 실제로 이 역량들을 가졌는지 믿을 수가 없게 된다. 자소서에서 하나의 메시지를 제시할 때는 하나의 근거를 연계해서 담아야 한다. 여기서 메시지는 역량으로 바꿔 말할 수 있다. 이제부터라도 하나의 문항에는 하나의 역량만 담아야 한다는 것을 잊지 말자.

○ 경험을 던지지 마라

요즘의 취준생들은 자랑할 경험이 너무나 많다. 그러다 보니 경험에 집중한 나머지 경험 자체를 회사에 던지는 경우를 많이 보았다. 경험을 던진다는 것이 무슨 뜻일까? 경험 속에 어떤 역량이 있는지를 말하는 것이 아니라 읽는 사람이 경험을 해석하게 만드는 일이다. 경험은 '경험' 그 자체만으로는 의미가 없다. 다시 한 번 말하지만, 경험 속에서 보이는 역량이 중요한 것이다. 예를 들어 헌혈 200회라는 결과가 있을 때 중요한 것은 헌혈 그 자체가 아니다. 결과를 위해서 했던 노력을 끈기로 보여줄 것인지, 목표를 향한 열정으로 보여줄 것인지를 정해서 풀어내야 한다. 하지만 그런 과정 없이 경험한 사건을 담당자에게 그냥 던지는 이들이 많다. 이는 절대 해서는 안 되는 실수다. 경험은 역량을 감싸고 있는 포장지다. 선물이 아닌 포장지를 던지는 실수를 하지 않길 바란다.

○ 할 수 있는 최선을 생각해라

자소서에 쓰기에는 경험이 대단치 않거나 결과가 좋지 못하다고 느낄 수 있다. 이런 경우에는 두 가지 선택지가 있다. 하나는 새로운 경험을 통해 나의 현재를 바꾸는 것이다. 다른 하나는 실패한 경험을 부끄럽게 생각하지 말고 경험을 통해서 내가 고민한 것과 생각한 것, 배운 것을 정리해서 의미를 부여하는 것이다. 자소서는 경험이 중요한 것이 아니라 역량이 중요한 것이기 때문에 실패했다고 해서 큰 흠이 되지는 않는다.

자소서 가독성 높이기 POINT

1. 자신의 역량을 재정의한다.
2. 액션 파트를 구체적이고 길게 서술한다.
3. 경험의 결과를 수치화해본다.
4. 자신의 경험을 잘 설명해서 서술한다.
5. 경험의 경중에 상관없이 최선을 다함을 강조한다.

4

기본문항 4대장

"저는 개인적 동기가 아니라
회사의 목표를 실현하기 위해서 지원했습니다."

PART 1

지원동기

○ 지원동기 문항 이해하기

　지원동기를 쓰기 전 대부분 이렇게 생각한다. '지원동기가 별것 있나? 그냥 돈 벌려고 하는 거지.' 맞다. 실제로 많은 이들이 돈을 벌기 위해 지원한다. 물론 회사에서는 이런 답변을 듣고 싶어 하지 않는다. 이 때문에 사람들은 회사가 요구하는 답변에 맞추기 위해 지원동기를 지어내기 시작했다. 회사의 제품을 사용한 경험, 회사에 대해 좋은 인식을 가지게 된 배경 같은 것이다. 어릴 적 목욕탕에서 마셨던 바나나 우유의 추억을 떠올리며 빙그레에 지원하는 경우가 대표적이다. 하지만 지원동기에서 집중해야 할 것을 회사가 아니라 직무다. 내가 왜 이 직무에 관심을 가지게 되었는지를 써야 한다.

　지원동기는 요즘 대기업을 시작으로 점점 사라져가는 추세다. 잘 쓴 사람과 못 쓴 사람을 분간하기가 어려워 변별력이 떨어지기 때문이다. 그럼에도 아직 많은 기업들이 첫 번째 문항에서 지원동기에 대해 묻는다. 그리고 변별력이 없다고는 해도 90퍼센트 정도는 잘못된 지원동기를 쓴다. 즉 10퍼센트의 자소서에는 '잘 쓴' 지원 동기가 존재한다는 뜻이다.

지원동기는 내가 가진 경험과 지식을 반영해 이력을 요약하는 것이다. 즉, 나를 뽑아야 하는 이유를 말하는 것이다. 때문에 지원동기를 잘 작성한다면 면접에서 '당신을 뽑아야 하는 이유'에 대한 질문에도 수월하게 답할 수 있다. 지원동기에 쓴 내용을 요약해 말하기만 하면 되기 때문이다. 잘 쓴 지원동기 하나로 자소서와 면접을 모두 해결할 수 있도록 지금부터 이 책과 함께 작성해보자.

○ 구직자(求職者)

지원동기를 '잘 쓰려면' 먼저 나와 회사와의 관계를 생각해야한다. 우리는 구직자지 소비자가 아니다. 우리는 일하기 위해서 지원하지만 회사의 입장에서는 단순히 일하고 싶다는 삶이 필요한 게 아니라 회사에 기여할 사람이 필요하다. 그렇다면 직무에 대한 나의 열정을 과시하면 될까? 아니다. 모든 주장에 근거가 필요하듯, 내가 이 직무를 누구보다 잘 수행할 수 있다는 사실을 증명할 때도 근거가 필요하다. 직무와 관련된 경험과 지식이 이 근거에 해당한다. 따라서 자신이 기여할 수 있는 포인트가 무엇인지를 적는 것이 지원동기의 기본적인 작성 방향이라고 할 수 있다.

특히 내부자의 관점에서 접근해야 올바른 지원동기를 작성할 수 있다. 바로 "내가 이 회사에서 지원한 직무를 누구보다 잘 수행할 수 있다"는 것을 중점적으로 쓰는 방법이다. 지원 이유가 해당 업무를

"좋아해서, 관심이 있어서, 마음에 들어서"가 아니라 "내가 기여할 수 있는, 성공시킬 수 있는, 완성할 수 있어서"가 되어야 인사담당자에게 설득력 있게 다가갈 수 있다.

○ 인사담당자의 관점

인사담당자가 지원동기를 통해 보려고 하는 바는 무엇일까? '회사에 기여할 수 있는 사람'인가를 확인하려는 것이다. 인사담당자는 이 문항을 통해 직무와 관련한 경험이나 직무 역량을 가지고 있고, 산업군에 대한 전문 지식을 충분히 갖추고 있어 직무를 수행하며 회사에 기여할 수 있는 지원자를 찾으려 한다.

기업에서는 일반적으로 아래 5가지 사항을 포함해 평가를 하고, 회사에 기여할 수 있는 사람인지 확인한다.

- ✓ **직무 관련 경험이 있는가?**
- ✓ **그 경험을 통해 직무 역량을 갖추고 있는가?**
- ✓ **산업군 지식이 있는가?**
- ✓ **회사의 차별점과 객관적인 강점을 알고 있는가?**
- ✓ **회사에 어떻게 기여하고자 하는가?**

기업마다 평가하는 채점표는 다르겠지만 시작점은 동일하다. 위 5가지 사항이 확인되면 기업은 지원자가 명확한 지원동기를 가지고 있다고 판단한다. 그렇다면 지원동기는 어떻게 작성해야 할까? 크게 네 가지 방법이 있다.

유사 경험이 존재할 때,
지원동기 작성하기

사실 지원동기는 유사 경험 하나만 있어도 매우 좋다. 유사 경험이 있다는 것은 '정말로 내가 관심을 가지게 된 계기를 쓸 수 있다'는 의미다. 물론 유사 경험이 없어도 관심은 가질 수 있지만, 경험이 없는 경우 내가 말한 관심이 거짓이 될 수 있기 때문이다. 유사 경험은 내가 기업에 가진 관심에 대한 근거이며, 자연스러운 지원동기를 만들어 주는 무기이기도 하다.

하고 싶은 일
○○에 ○○한 문제를 ○○한 방법으로 성공/완성/기여/구현하고자 지원했습니다.

관심을 가지게 된 계기
○○아르바이트를 하면서 ○○경험을 하게 되었고 이를 계기로 ○○산업군/직무에 관심을 가지게 되었습니다.

직무 / 산업군
이러한 관심으로 ○○경험을 하면서 ○○을 배웠습니다.
○○한 문제를 해결하며 ○○성과를 만들었습니다.

전문지식
이에 전문성을 더하기 위해 ○○자격증, ○○연구, ○○박람회 참가 등을 하며 전문성(지식)을 길렀습니다.

회사 / 포부
현재 ○○사는 ○○부분에서 앞서 나가고 있습니다.
○○사의 ○○부분에 ○○직무로서 ○○부분의 성공을 만들어 보고 싶습니다.

1. 하고 싶은 일

첫 번째 블록은 세 가지 유형의 지원동기에 공통으로 들어가야 한다. 내가 이 회사에 들어가 지원 직무를 통해 어떤 일을 완성, 해결, 성공, 구현하고 싶다는 내용으로 작성한다. 구직자가 회사에 지원할 때 가장 타당하고 논리적인 이유는 자신이 지원 직무를 누구보다 잘 수행할 수 있기 때문에 그 일을 하고 싶어 한다는 이유다. 이 점을 명심하자. 더불어 이 블록에서는 회사에 지원하고자 하는 이유를 명확하게 드러내야 한다. 깊이 생각해본 뒤 보다 구체적으로 작성하도록 하자.

예시

> 똑같은 제품을 파는 편의점을 색다르게 기획해, 단골이 있는 편의점을 만들고 싶어 ○○○ 영업관리에 지원하였습니다. 아무 편의점이나 들러도 상관없는 고객의 생각을 다시 찾고 싶은 편의점으로 바꾸는 것은 상품의 구색뿐만 아니라 계산할 때 만나는 점원들의 활기찬 모습이라고 생각합니다. 편돌이라는 부정적 시선을 대고객 서비스 품질 개선을 통해 변화시키고 싶습니다.

2. 관심을 가지게 된 계기

'관심을 가지게 된 계기'를 쓰라고 하면 거창한 계기를 써야한다는 생각에 부담을 느끼는 경우가 많다. 하지만 수업을 듣다가, 아르바이트 하다가, 우연히 어떤 일을 겪게 되어서 이 회사의 직무에 관심을 가지게 될 수도 있다. 계기는 결코 거창할 필요가 없다. 하지만 회사의 제품이나 서비스를 이용해보고 관심을 가졌다는 내용은 되도록 쓰지 않는 것이 좋다.

간혹 부담감 때문에 너무 과장해서 쓰는 경우가 있다. 관심을 가지게 된 계기를 통해 자꾸 채용담당자를 감동시키려고 하는 것이다. 채용담당자의 마음을 울릴 수 있는 계기를 쓰려고 없는 추억까지 만들어 낸다. 채용담당자는 지원자가 직무를 잘 수행할 수 있는지를 판단하기 때문에 관심을 가진 계기를 잘 쓴다고 해서 합격을 주지 않는다. 관심을 가지게 된 계기로는 평가가 되지 않기 때문이다. 오히려 계기를 너무 과장해서 쓰게 되면 거짓말처럼 느껴져 반감을 살 수 있다.

여기서 한 가지 더 주의해야 할 점이 있다. 회사의 조직 적합도에 맞는 내용을 써야 한다는 것이다. 회사에 관심을 가지게 된 계기를 쓸 때 종종 "회사의 사회공헌 활동을 보고 사회에 기여하고 싶다"고 쓰는 경우가 있다. 만약 지원한 회사가 성과지향적이라면, 이 지원자는 회사가 추구하는 인재상과는 맞지 않아 평가에서 걸러지게 된다. 회사의 지원동기를 쓸 때는 회사의 조직 성향에 적합한 내용인지 잘 파악한 후 쓰도록 하자.

예시

자취를 하면서 대학교 4년간 8번이나 거처를 옮겨야만 했고, 어쩔 수 없이 다양한 편의점을 경험했습니다. 처음에는 가까운 곳이나 눈에 보이는 곳에 들어가 이용하는 것이 전부였으나 시간이 지날수록 매장이나 직원, 특정 상품 등 편의점을 방문할 이유가 생겼습니다. 이렇게 소비자가 편의점을 선택하는 이유를 만드는 것이 주된 역할임을 알고 영업관리 직무와 편의점 산업에 대한 매력을 느꼈습니다.

3. 직무/산업군

세 번째 블록에서는 직무나 산업군에 관심을 가지게 된 계기를 써야 한다. 또한 이 궁금증을 풀기 위해서 관련 인턴 경험이나 아르바이트 경험을 통해서 비즈니스 현장에서 확인했던 일을 써야한다. 만약 관심을 가진 계기만 언급하고, 그 계기로 인한 행동의 변화가 없다면 어떤 계기를 쓰더라도 의미가 없어진다. 거짓말이 되기 때문이다. 어떤 일을 계기로 직무에 관심을 가지게 되었다면, 그로 인해 관련 아르바이트나 인턴 등의 경험을 해보았다고 해야 진정성이 생기는 것이다.

지금껏 자신이 겪은 경험을 돌이켜보자. 그 중 지원 직무나 산업군과 조금이라도 관련이 있다면 유사 경험으로 활용할 수 있다. 유사 경험을 근거로 삼아 자신이 해당 직무에 관심을 가지게 된 계기가 진실이었음을 증명하는 것이다. 쓰는 방법은 다른 유형과 동일하다. 이와 같은 경험을 통해 특정한 강점을 기를 수 있었음을 드러내며 작성한다.

예시

이렇게 시작한 사소한 관심이 직접 일을 해 볼 수 있는 기회로 이어졌고 2년간 편의점에서 일을 하며 매장관리, 제품 관리와 이용 고객들을 학습하는 시간이 되었습니다. 오픈 이후 줄 곧 매출이 오르지 않아 고민하는 점장님과 함께 고객과 경쟁사를 분석하고 우수 매장 점주 인터뷰를 하며 성공의 단초를 찾기도 하였습니다.

또한 A사 식품 MD로 2개월간 인턴생활을 하며 식품 유통의 전반을 배울 수 있었습니다. 인턴기간 고객들이 선호하는 건식품 선호도 조사를 하면서 고객들의 숨겨진 니즈를 찾아 라이프 사이클에 맞는 상품 설계로 이달의 최우수 인턴으로 선정되었습니다.

4. 전문지식

네 번째 블록에서는 직무, 산업군과 연관된 경험에 이어 나의 전문성을 기르기 위한 노력을 쓴다. 전문성을 기르기 위해 자격증을 취득했거나 교육을 받았거나 박람회에 참가했던 경험을 활용한다.

> **예시**
>
> 이러한 관심에 전문성을 더하고 싶어 유통관리사 자격을 취득하였고, 소상공인 컨설팅 공모전 등 다양한 공모전에 참여하여 3차 입상이라는 성과를 얻기도 하였습니다. 또한 경영 학회를 통해 세계 각국의 편의점 업계에 대한 사례 분석 발표를 진행하여 15개 팀 중 2위를 달성했습니다.

5. 회사/포부

마지막으로 포부도 세 가지 유형의 지원동기에 공통으로 작성한다. "내가 가진 이러한 강점, 역량을 통해 어떠한 문제를 해결하고 싶다.", "직무가 가진 문제를 해결해 보고 싶다.", "회사의 어떠한 부분에 기여하고 싶다." 정도로 마무리한다.

> **예시**
>
> 평범한 것을 특별하게 만드는 것이 편의점 영업관리의 역할이라고 생각합니다. 제가 가진 편의점 산업에 대한 열정과 쌓아온 경험을 바탕으로 점주님들과 협력하여 서비스 품질의 표준화를 통해 담당 점포의 수익을 만들어 내는 영업관리자가 되겠습니다.

유사 경험이 없을 때,
지원동기 작성하기 - 1

유사 경험은 없지만 시간적 여유가 있어 기업분석이 가능한 유형이다.
거의 유사하지만 기업분석을 통해 내가 기여하고 싶은 부분이 무엇인지 구체적으로
제시할 수 있다는 차이가 있다.

1 block

하고 싶은 일 요약
○○에 ○○한 문제를 ○○한 방법으로 성공/완성/기여/구현
하고자 지원했습니다.

2 block

직무 역량
현재 ○○사는 A부분은 ○○한 방법으로 앞서나가고 있습니다.

중요!

3 block

성공 경험 1, 2
B, C 경험을 통해서 ○○ 강점을 길러왔습니다.
A영역에서의 경쟁력 강화에 기여하고 싶습니다.
학창 시절 A경험을 하면서 ○○문제를 ○○한 방법으로 해결했습
니다. 또한 B경험을 통해서 ○○ 어려움을 ○○ 강점으로 극복했
습니다.

4 block

포부
○○사의 A부분에 ○○직무로서 ○○부분의 ○○문제를 해결/
성공/완성/기여/구현하겠습니다.

1. 하고 싶은 일

마찬가지로 이 회사에 들어가 지원한 직무를 통해 어떠한 일을 완성하거나 해결, 성공하고 구현해보고 싶다는 내용을 쓴다.

예시

> 단순히 음식점과 고객을 연결해주는 배달 어플이 아닌 고객의 하루의 시작과 끝을 연결해 주는 ○○배달 어플을 만들고 싶습니다. 고객의 특성을 파악해 음식을 추천하고 아침, 점심, 저녁 그리고 야식까지 매일 다른 메뉴를 고객 맞춤으로 제안하는 콘텐츠를 기획하여 하루의 시작과 끝을 ○○배달 어플과 함께할 수 있도록 하고 싶습니다.

2. 회사의 차별점

유사 경험은 없지만 시간적 여유가 있다면 기업분석과 산업분석을 전제하고 지원동기를 작성할 수 있다. "회사의 차별화된 부분에 내가 지원하는 직무로서 기여하고 싶다"는 관점의 지원동기가 되는 것이다. 흐름은 간단하다. 지원한 회사의 현재 또는 미래의 핵심사업이나 동종업계 대비 차별화 포인트를 언급한 후 나의 역량을 발휘해 그 부분에 기여하고 싶다고 쓴다. 이를테면 이와 같다.

> "A사는 B부분에서 앞서 나가고 있습니다.
>
> 제가 C, D경험을 통해서 길러온 E강점으로
>
> B부분의 경쟁력을 높이고 싶습니다."

그렇다면 회사의 차별화된 부분은 어떻게 써야 할까? 우선 복지, 문화, CSR(사회공헌)처럼 내가 일한 대가로 얻는 유익이나 기업의 존재 목적을 벗어나 부가적인 활동에 대해서는 쓰지 말자. 내가 일한 대가로 얻는 유익은 당연히 중요하지만, 회사 입장에서는 그런 유익으로 지원한 지원자가 좋게 보일 리가 없다. 지원동기는 결국 회사 입장에서는 '당신을 뽑아야 하는 이유' 다. 이 사실을 잊으면 안 된다.

　또한 지원동기는 지원자가 이 직무를 누구보다 잘 수행할 수 있을지를 보는 것이 핵심이다. 회사 칭찬만 늘어놓는다면 직무 수행 능력을 판단하기가 어렵다. 칭찬을 쓰더라도 한두 줄 정도로만 정리한 뒤 그 부분을 더 발전시킬 수 있도록 기여하겠다고 마무리하는 것이 좋다.

　회사의 차별점과 강점을 찾기 위해 무엇보다 중요한 것은 기업분석과 산업분석이다. 만약 지원한 회사가 지원동기를 구체적으로 물어보는 곳일수록 더욱 중요하다. 기업분석과 산업분석을 하는 방법은 유튜브 'AND(ft. 인싸담당자)' 채널에서 확인할 수 있다. 영상을 통해 방법을 익혀 회사의 지원동기를 작성할 때 활용하면 매우 큰 도움이 될 것이다.

예시

○○기업은 특유의 젊은 감성과 유머 코드를 통해 소비자들의 호응을 받고 있습니다. ○○기업 성장의 핵심이 되는 ○○배달 어플은 소비자들의 편리함과 재미를 충족시키면서 기존 고객과 신규 고객 모두를 사로잡으며 업계 1위를 유지하고 있습니다. 단골 고객들에게 할인 쿠폰을 주거나 연령대별 제안 메뉴를 다르게 하는 등 고객 맞춤형 서비스를 제공하여 꾸준한 매출 상승을 보이고 있습니다. 이러한 성공에는 고객들에 대한 치밀한 분석력이 뒷받침되었다고 생각합니다. 저의 분석력을 바탕으로 잠재적 고객들을 주 고객으로 만들 수 있는 고객 맞춤형 마케팅 전략을 수립하여 업계 점유율 1위를 유지하는 데 기여하고 싶습니다.

3. 경험 1, 2

앞서 회사의 객관적인 강점과 차별화된 부분에 기여할 수 있다고 작성했다. 이어지는 세 번째 블록에서는 직무를 수행하면서 필요한 역량과 실제로 그 역량을 가지고 있다는 것을 경험을 통해 증명해야 한다. 개인적인 경험 외에 직무나 산업군과 관련된 지적 활동을 써도 좋다.

예시

○사 온라인 쇼핑몰에서 마케팅 인턴으로 근무하며 매출과 고객들의 반응을 GA로 분석하여 홈페이지 콘셉트를 변경해 매출 300만 원을 상승시킨 경험이 있습니다. 전년도에 비해 매출이 하락하여 이벤트 진행이 결정되었고 저는 자료 정리 보조로 업무를 도왔습니다. 자료 정리와 영상을 통해 GA를 읽는 법을 배워가며 클릭수를 비교하였고, 상품을 감성적으로 표현한 제품이 직관적으로 설명한 제품보다 구매율이 높음을 찾았습니다. 이를 사수에게 전했고, 이벤트와는 별개로 홈페이지 콘셉트 변경을 진행했고 이벤트와 시너지를 얻어 매출 300만 원을 상승시켰습니다.

더불어 현재 ○○○에서 진행하는 광고 아카데미를 수강했습니다. 또한 ○○○, ○○○(관련 자격증)을 취득하여 디지털 광고 환경과 데이터 분석에 필요한 기본적인 툴을 활용할 수 있도록 하여 디지털 역량을 갖춘 마케터가 되고자 노력했습니다.

4. 포부

마지막 블록도 동일하다. 자신이 가진 강점과 역량을 통해 해결하고 싶은 문제와 직무가 가진 문제를 해결하고 싶다는 포부를 드러내고, 회사에 기여하고 싶은 부분으로 끝을 맺는다.

예시

○○기업에서 제 경험을 통해 쌓은 역량과 지식을 마케팅 직무를 수행하며 고객 맞춤 메뉴 콘텐츠를 기획하겠습니다. 유관 부서들과의 커뮤니케이션 과정에서 정보를 정확하게 전달하고, ○○배달 어플만의 감성을 확고히 할 수 있는 마케팅 전략을 수립하여 회사 발전에 이바지하겠습니다.

유사 경험이 없을 때, 지원동기 작성하기 - 2

지원동기를 가장 쉽게 쓰는 방법이다. 직무의 유사 경험이 없고, 제출 기한이 바로 코앞이라서 기업분석을 하지 못할 때 활용할 수 있다.

1 block

하고 싶은 일 요약
○○에 ○○한 문제를 ○○한 방법으로 성공/완성/기여/구현
하고자 지원했습니다.

2 block

직무 역량
○○직무는 ○을 담당하여 A문제를 성공/해결하는 것이 가장
중요합니다. C경험, D경험간 ○○역량을 통해 A문제를 해결한
경험이 있습니다.

3 block

성공 경험 1, 2
학창시절 C경험을 하면서 ○○문제를 ○○한 방법으로 해결했습
니다. 또한 D경험을 통해서 ○○어려움을 ○○강점으로 극복했
습니다.

4 block

포부
저의 ○○한 강점을 바탕으로 ○○사 직무 A문제를 해결/성공/
완성/기여/구현하겠습니다.

1. 하고 싶은 일

마찬가지로 이 회사에 들어가 지원한 직무를 통해 어떠한 일을 완성하거나 해결, 성공하고 구현해보고 싶다는 내용을 쓴다.

예시

상품을 구매하는 것에 그치는 것이 아닌 경험을 살 수 있는 백화점을 만들어 보고자 백화점 영업관리직에 지원하게 되었습니다. 백화점은 그저 상품을 편하게 둘러보고 구매할 수 있다는 생각에서 나아가 해외브랜드 매장 공간 개편 및 다양한 이벤트를 통해 백화점에 오는 것만으로 여행을 한 듯한 경험을 할 수 있도록 하고 싶습니다.

2. 직무 역량

직무와 산업군의 유사 경험이 없을 때는 직무에 대한 역량을 드러내는 방식으로 지원 동기를 작성할 수 있다. 이런 식으로 작성하자. "○○ 직무 A과업을 수행할 때 B역량이 가장 중요합니다. D경험과 E경험을 하면서 ○○○한 문제를 B역량으로 해결할 수 있었습니다." 앞선 블록에서 자신이 지원 직무를 잘 수행할 수 있다고 말했으니, 이제는 그 이유가 되는 직무 역량을 밝히면 된다. 이는 첫 번째 블록과 세 번째 블록을 잇는 다리 역할을 하게 된다.

예시

영업관리직을 수행할 때는 매출에 영향을 미치는 문제 상황을 해결할 수 있는 문제해결력이 중요합니다. 저는 학부 시절 다양한 고객들을 직접 마주하는 고객서비스 아르바이트를 하며 발생하는 크고 작은 문제를 해결하며 영업관리 직무에 관심을 가지게 되었습니다.

3. 성공 경험 1, 2

바로 앞 블록에서 내가 가진 역량에 대해 말했다면, 이제 경험을 통해 그 근거를 제시해야 한다. 내 역량이 가장 잘 드러나는 경험 2개를 쓰고, "OOO 경험을 통해 OOO한 역량을 기를 수 있었다. OOO한 지식을 얻을 수 있었다"고 작성하자. 단, 이때 활용하는 경험은 성공담이어야 한다. 성공한 경험이어야만 내 능력이 충분히 발휘되었음을 증명할 수 있기 때문이다.

뿐만 아니라 직무, 혹은 지원한 산업군과 관련이 있는 지적 활동을 경험한 것을 활용해도 좋다. 자격증을 취득한 것, 교육을 들은 것, 프로젝트에 참여한 것 등 관련이 있는 경험을 쓰자. 이를 통해 직무와 산업군에 필요한 지식을 충분히 습득했음을 부각하는 것이 중요하다.

예시

CGV에서 아르바이트를 할 때, 제가 일하던 지점은 타 지점에 비해 클레임 수가 많았습니다. 원인을 파악하기 위해 지점의 평점을 낮게 부여한 고객의 블로그나 SNS에 들어가 후기를 살펴보았습니다. 영화를 평소보다 싼 값에 볼 수 있는 문화의 날에는 관람객이 많아져서 대기 줄이 길어짐에 따라 손님들의 불만이 많았습니다. 또한 많은 손님에 지친 알바생들의 표정과 서비스는 손님들에게 불친절하게 비춰져 클레임이 많았던 것이었습니다. 이러한 문제를 해결하기 위해 문화의 날 당일 해야하는 업무를 구체적으로 작성하고 다양한 상황에 대처하는 매뉴얼을 만들어 알바생들이 모두 숙지할 수 있도록 했습니다. 그 결과 클레임 수가 전에 비해 확연히 감소했으며 SNS에 친절하다는 포스팅이 증가했습니다.

또한 레스토랑에서 아르바이트를 할 때는 이전에 카페에서 음료 업무를 담당하여 머신을 다루는 법은 알았으나 레스토랑 서비스에 대한 경험이 없었기 때문에 레스토랑 서비스에 대한 구체적인 요구에 적절히 응하는 게 어려워 실수가 반복됐습니다. 더 정확하고 빠른 서비스를 제공하기 위해 휴게 시간을 활용해 오래 일한 직원에게 레스토랑 용어와 운영 시스템을 배우고 시뮬레이션을 반복해 숙지할 수 있도록 했습니다. 그 결과 고객이 요구하는 요구사항을 빠르게 처리하고 적절하고 빠른 서비스를 제공할 수 있었습니다.

4. 포부

끝으로 간단한 포부를 밝힌다. "내가 가진 이러한 강점, 역량을 통해 어떠한 문제를 해결해 보고 싶다"거나 "직무가 가진 문제를 해결해보고 싶다"는 것도 좋다. 회사의 어떤 부분에 기여하고 싶은지를 담아 마무리한다.

예시

저의 다양한 대고객 접점의 아르바이트 경험을 통해 얻은 고객지향성 역량을 바탕으로 백화점을 방문하는 고객들에게 상품 그 이상의 가치와 경험을 선물하고 싶습니다. 또한 단순히 매출과 사람을 관리하는 영업관리자를 넘어 고객의 만족을 최우선으로 하는, 신뢰할 수 있는 영업관리자가 되도록 하겠습니다.

 >> TIP

직무분석에서 찾은 직무와 산업군의 문제점을 내가 가진 역량으로 해결한다고 쓰면 더욱 좋습니다.

특정 회사에 대한 지원 동기 작성하기

인사담당자가 지원자에게 지원 동기를 물을 때 회사명을 꼭 집어서 이야기하는 경우는 드물다. 하지만 간혹 왜 꼭 해당 회사에 지원했어야만 했는가를 묻는다면 아래의 템플릿을 활용할 수 있다. 자소서보다는 면접 때 이런 질문을 받을 가능성이 높으니 미리 준비해두면 좋다.

1
block
하고 싶은 일 요약
○○에 ○○한 문제를 ○○한 방법으로 성공/완성/기여/구현
하고자 지원했습니다.

2
block
회사의 비전 / 인재상
~한 인재상, 비전이 ~과 같은 사업 방향으로 구현되고 있다.

3
block
성공 경험 1, 2
학창시절 C경험을 하면서 ○○문제를 ○○한 방법으로 해결했습니다. 또한 D경험을 할 때, ○○ 어려움을 ○○ 강점으로 극복했습니다.

4
block
포부
저의 ○○한 강점을 바탕으로 ○○사/직무 A문제를 해결/성공/
완성/기여/구현하겠습니다.

1. 하고 싶은 일

이 회사에 들어가 지원한 직무를 통해 어떠한 일을 완성하거나 해결, 성공하고 구현해보고 싶다는 내용을 쓴다.

2. 직무 역량

지원한 회사의 특징적인 인재상과 비전을 언급한 후 이런 특징과 현재 운영 중인 사업 방향과 결부 지어서 이야기하고 나의 역량을 발휘해 그 부분에 기여하고 싶다고 쓴다.

3. 성공 경험 1, 2

경험과 그 근거를 제시해야 한다. 내 역량이 가장 잘 드러나는 경험 2개를 쓰고, "OOO 경험을 통해 OOO한 역량을 기를 수 있었다. OOO한 지식을 얻을 수 있었다"고 작성하자. 단, 이때 활용하는 경험은 성공담이어야 한다.

4. 포부

끝으로 간단한 포부를 밝힌다. "내가 가진 이러한 강점, 역량을 통해 어떠한 문제를 해결해 보고 싶다."거나 "직무가 가진 문제를 해결해보고 싶다"는 것도 좋다. 회사의 어떤 부분에 기여하고 싶은지를 담아 마무리한다.

이렇게 지원동기를 작성하는 네 가지 유형을 살펴보았다. 이 중 가장 매끄럽고 매력적인 지원동기를 고르라면 '유사 경험이 있는 지원동기'일 것이다. 자신이 이 직무와 산업군에 관심이 있고, 잘 수행할 수 있다는 점을 드러내는 과정과 그 근거가 다른 두 유형에 비해 훨씬 뛰어나기 때문이다.

그러니 유사 경험을 쌓는 것부터 시작하기를 추천한다. 지금껏 아무 경험이 없었다 하더라도 만들면 된다. 아르바이트도 괜찮다. 사소한 것도 상관없다. 지금부터 작은 유사 경험이라도 만들어 간다면, 훨씬 더 매력적이고 풍성한 지원동기를 작성할 수 있을 것이다.

지원동기 문장 예시

1. 사람은 누구나 좋아하고 자신 있는 분야에서 일하고 싶어 합니다. 그래야 능률도 오르고 성과도 낼 수 있을 것입니다. 그래서 저는 제가 가장 좋아하고, 기여할 수 있는 OOO 분야에 지원하게 되었습니다.

2. 귀사에 지원한 까닭은 OOO 전공에서 배운 기초지식과 전문성을 통해 제 능력을 발휘하고 더 발전할 수 있는 회사라고 생각했기 때문입니다.

3. 제가 가진 능력과 열정을 OOO에서 더욱 발휘하고 쌓아온 경험이 OOO에 많은 도움이 될 수 있다고 자신해 지원하게 되었습니다.

4. 저의 업무에 대한 열정과 경력이 OOO과 만나 긍정적인 시너지를 발휘하여 OOO에 기여할 수 있을 것이라 확신하여 지원하게 되었습니다.

5. 저는 전 회사에서의 OOO 경험을 바탕으로 업무 숙련도를 쌓았으며 어떠한 업무가 주어져도 이를 능숙히 처리할 수 있는 능력과 자신감을 가지고 OOO(지원 직무)에 지원하게 되었습니다.

6. 저는 사소한 아르바이트나 인턴 활동을 할 때도 OOO(지원 직무)과 관련된 활동을 해왔습니다. 이러한 경험을 바탕으로 이번 기회를 저의 비전으로 삼아 지원하게 되었습니다.

7. 기획자는 기획력과 분석력을 갖추어야 한다고 생각합니다. 저는 이 두 가지 역량을 OO 경험을 통해 모두 갖추고 있습니다.

8. 평소 영업 직무에 관심이 많아서 OO마트 판매 아르바이트를 했습니다. 이 경험을 통해 영업직에 더욱 매력을 느꼈고, 제가 가장 잘할 수 있는 직무라고 판단해 지원하게 됐습니다.

9. 복수 전공으로 품질 관리 수업을 수강하며 품질 관리에 관심을 두게 되었습니다. 또한 관련 수업에서의 프로젝트를 진행하면서 제가 가장 잘 할 수 있고 좋아하는 분야가 바로 품질 관리라는 것을 깨달을 수 있었습니다.

10. OOO은 열정을 가지고 열심히 일하고자 하는 사람들에게 더욱 확실한 기회를 제공하고 있습니다. 저는 OO직무에 대해 누구보다 큰 열정을 가지고 있기 때문에 저와 OOO이 잘 맞으리라 생각하여 지원하게 됐습니다.

Q 1. 지원동기에 썼던 경험을 다시 써도 될까요?

지원 동기에 쓰는 경험은 나의 액션이 들어있지 않기 때문에 다시 써도 된다. 인사담당자는 경험 그 자체보다 거기에 따른 액션, 지원자의 행동을 주로 살피기 때문에 같은 경험을 반복해서 쓴다고 문제될 건 없다.

Q 2. 입사 후 포부와의 차이점이 뭔가요?

입사 후에 포부와 지원 동기는 둘 다 회사에 기여하겠다는 약속이지만 전자가 자신의 생각만 전달하는 것이라면 후자는 객관적인 근거가 있어야 한다는 점에서 다르다. 전자가 회사에 기여해 나가겠다고 말하는 것이라면 후자는 어떤 방법으로 어떻게, 얼마나 기여해 나갈 건지 정리한 것이다.

"저는 성장 과정과 경험을 통해
직무 수행에 필요한 역량을 갖췄습니다."

PART 2

성장과정

○ 성장과정 문항 이해하기

성장 과정은 자유롭게 쓸 수 있는 유일한 문항이다. 그 때문인지 지금까지의 성장 과정은 자신이 어떤 가정에서 자랐고, 가족관계는 어떤지에 대해 쓰는 경우가 대부분이었다. 말 그대로 '성장 과정'을 쓰는 것이다.

하지만 요즘은 경향이 달라졌다. 이제는 성장 과정에 직무와 관련된 내용을 작성해야 한다. 다른 문항처럼 성장과정에서도 직무에 적합한 사람임을 보여줘야 하기 때문이다.

그렇다면 성장 과정을 어떻게 써야 내가 이 직무에 적합한 사람이라는 것을 드러낼 수 있을까? 답은 간단하다. 성장하면서 겪은 경험들을 직무에 필요한 역량과 연관을 지어 작성하는 것이다. 방법은 크게 2가지다. '역량 성장 과정을 쓰는 것'과 '가치관 성장 과정을 쓰는 것'이다.

이 중 가치관 성장 과정을 선택한다면 회사의 가치관이나 문화,

인재를 바라보는 관점을 알아야 한다. 이는 현직자 인터뷰를 진행해 파악하면 된다. 그렇게 얻은 내용을 나의 가치관 성장 과정과 연관 지어 작성한다면 훨씬 더 높은 단계의 내용을 채울 수 있다.

○ 인사담당자의 관점

누구나 성장을 하며 다양한 경험을 겪는다. 그 과정에서 가치관이 생기고, 이는 직무 역량으로 연결된다. 인사담당자가 성장과정을 보는 이유도 바로 이 점 때문이다. 지원자가 회사의 인재상과 맞는 지, 나아가 이 일을 하기 위한 직무 역량을 충분히 갖추고 있는지를 판단하기 위해서다.

✓ 회사에 맞는 가치관을 가지고 있는가?
✓ 지원 직무의 핵심 역량을 알고 있는가?
✓ 직무 역량이 드러나는 경험을 가지고 있는가?

이제 본격적으로 성장과정을 작성해볼 때다. 앞서 말한 '가치관' 키워드와 '역량' 키워드의 2가지 방법을 활용해 성장 과정을 어떻게 쓰면 되는지에 대해 알아보도록 하자.

역량을 중심으로 성장 과정 작성하기

역량을 중심으로 쓰는 성장 과정은 무엇일까?
"나의 성장 과정과 경험은 나를 OOO 직무에 가장 적합한 사람으로 만들어 주었다"
와 같이 성장 과정을 통해 나의 역량 발전 보고서를 쓰는 것이다.

1
block

직무 핵심 역량

A경험, B경험을 통해서 ○○역량을 길러왔습니다. ○○역량은
○○직무 수행에 있어서 ○○한 어려움들을 해결할 때 핵심 역량
이 될 것입니다.

2
block

성공 경험 1, 2

학창시절 A경험을 하면서 ○○문제를 ○○한 방법으로 해결했습니다. 또한 B경험을 통해서 ○○어려움을 ○○강점으로 극복했습니다

3
block

포부

○○사의 A부분에 ○○직무로서 ○○부분의 ○○문제를 해결/
성공/완성/기여/구현하겠습니다.

1. 직무 핵심 역량

첫 번째 블록은 '직무 핵심 역량'이다. 일종의 인사말이라고 생각하면 쉽다. 우선 예시를 보자.

"친구들과 어울리는 것을 좋아하는 중고등학교 시절을 거쳐 대학에 들어가면서 다양한 아르바이트와 사회 봉사활동, 교내 동아리 활동 등을 통해 사람들을 만나는 것의 즐거움을 알 수 있었습니다. 이러한 다양한 활동을 하면서 A라는 경험과 B라는 경험에서의 ○○○한 어려움을 C역량으로 해결하였습니다."

여기서 말하는 역량은 직무의 핵심 역량이다. 이어서 "이 C역량이 해당 직무에 가장 잘 맞고/성공할 수 있고/무엇을 완성할 수 있다"고 덧붙인다.

예시

저는 적극적인 학과 활동 참여와 무대 경험을 통해 도전정신을 길렀습니다. 제가 가진 도전정신은 영업 직무를 수행하는 데 있어 발생하는 다양한 어려움들을 끊임없는 도전을 통해 극복할 수 있는 원동력이 된다고 생각합니다.

2. 성공 경험 1, 2

다음은 경험을 쓰는 블록이다. 직전에 언급했던 A경험과 B경험을 여기에 쓴다. 이때 주의해야 할 점이 있다. 경험 하나를 성장 과정 전체에 통째로 사용해 작성하면 안 된다는 점이다. 흔히 본인이 경험이 부족하다고 생각할 때 이런 실수를 한다.

성장 과정은 다른 문항과 달리 나의 인생 과정을 보여 주는 것이다. 경험은 하나를 통째로 쓰기보다 두 개 이상으로 분리해 나열하는 것이 좋다. 근거가 되는 경험이 많을수록 내가 그 역량을 가지고 있다는 점이 강하게 드러나기 때문이다.

성장 과정은 두 개의 경험과 그 경험들이 나타나는 하나의 역량으로 구성될 때 가장 매력적이다. 분량이 긴 하나의 경험보다는 각각 분량이 짧은 두 개의 경험이 훨씬 낫다. 물론 아무리 짧더라도 상황, 액션, 결과의 기본적인 형태는 갖추어야 한다.

예시

중학생 때 이후로 발표에서 실수로 인해 친구들의 비웃음을 받은 기억이 있습니다. 그 일 이후로 저는 남들 앞에 나서지 않는 내성적인 성격이 되었습니다. 그러다 대학 시절 우연히 연극을 본 뒤 많은 사람들 앞에서 멋지게 공연을 하는 배우들을 보고 동경심을 가졌고 내가 가진 트라우마를 극복하겠다는 목표를 세웠습니다.

내성적인 성격을 극복하기 위한 첫 번째 노력으로 학과 활동에 적극적으로 참여하는 것부터 시작하였습니다. 단순히 정기 모임때만 참여하던 학과 활동에 이전보다 적극적으로 참여하며 학생회, 학과 내 학회에 가입하여 다양한 사람들을 만나 친분을 쌓았습니다. 이를 통해 2학년 때는 학회 회장, 3학년 때는 과학생회장을 하게 되었습니다. 이 과정을 통해 남들 앞에 나서기 싫어하던 저의 성격을 극복하고 자신감과 다른 사람들을 이끌 수 있는 리더십을 기를 수 있었습니다.

두 번째 노력으로는 다양한 무대에 서서 공연을 했습니다. 먼저 무대에 설 수 있는 춤 동아리와 밴드부에 들어가 연습했습니다. 처음 올라간 무대에서는 너무 긴장을 하여 춤 동작을 틀리거나 악기 연주를 할 때 실수가 나왔습니다. 저는 이에 좌절하지 않고 남들보다 더 늦은 시간까지 연습하며 다음 무대에서는 실수를 하지 않으려 노력했습니다. 그 덕분에 다음 무대에서는 실수를 하지 않았으며, 그 이후로 무대를 즐기게 되었습니다.

3. 포부

마무리는 포부다. 이와 같은 성장과정을 통해 개발한 나의 역량을 지원한 회사에 들어간 후 어떤 부분에 기여할 수 있는지, 어떤 문제를 해결할 수 있는지에 대해 작성하고 끝을 맺는다.

예시

앞서 말한 두 경험을 통해 저는 자신감과 도전정신을 기를 수 있었고 OOO의 PT 대회에도 도전해 우수상을 받았습니다. OOO에 입사하여 영업 직무를 수행하면서도 제가 기른 자신감과 도전정신을 발휘하여 회사에 이바지하겠습니다.

가치관을 중심으로 성장 과정 작성하기

1
block

가치관
'○○'라는 마음가짐으로 ○○한 방식으로 ○○하며 살아왔습니다.

 중요!

2
block

가치관 형성 계기
학창시절 A경험을 하면서 ○○문제를 ○○한 방법으로 해결하려 노력했으나 ○○한 어려움을 극복하지 못하고 포기/실패/실수했던 아픈 경험이 있습니다.
이를 통해 ○○가치관을 갖게 되었습니다.

3
block

가치관 → 역량
이러한 ○○가치관을 통해 ○○한 역량을 개발할 수 있었습니다.

 중요!

4
block

성공 경험
○○한 역량은 ○○한 경험에서 ○○한 어려움을 해결/극복/성공시킬 수 있는 원동력이 되었습니다.

5
block

포부
○○사의 A부분에 ○○직무로서 ○○부분의 ○○문제를 해결/성공/완성/기여/구현하겠습니다.

1. 가치관

먼저 나의 가치관으로 시작한다. 역량 성장 과정에서처럼 나의 가치관이 무엇인지 간단하게, 직접적으로 작성한다. 예를 들면 이렇다. "'바람이 불지 않으면 노를 저어라.' 저는 이러한 자세로 절망적인 상황에서도 포기하지 않고 어떤 일이라도 성공시키기 위해 적극적으로 노력했습니다."

> **예시**
>
> 저는 '진심은 통한다.'라는 마음가짐으로 협업이 필요할 때 상대방의 상황을 배려하면서 업무를 완수하기 위해 노력해왔습니다.

2. 가치관 형성 계기

두 번째 블록에선 가치관이 형성된 계기와 배경을 쓴다. 가치관이 형성된 계기로 흔히 교육, 부모님의 영향, 가정환경을 꼽는다. 모두 맞다. 하지만 누구나 쓸 수 있는 내용은 자칫 식상하게 느껴질 수도 있다.

실제 우리의 가치관이 어떻게 형성되는지 생각해보자. 우리는 인생에서 실패하거나 괴로운 사건을 겪고, 그로 인해 괴로워하고 후회하면서 가치관을 형성하게 된다. 자라면서 겪었던 나의 시련을 떠올려보고, 가치관을 형성해준 계기로 활용해보자.

대학 시절 심리학 수업 때, 후회되는 일과 그 이유를 정리하는 과제를 통해 상대방의 상황을 배려하지 못하고 업무 완수에만 집중하여 트러블이 생긴 일이 후회의 원인임을 알게 되었습니다. 이를 통해 협업할 때 상대방의 상황을 배려하면서 업무를 완수하기 위해 고민하는 습관이 생겼고, '진심은 통한다'는 가치관을 가지게 되었습니다.

3. 가치관 → 역량

가치관이 어떻게 형성되었는지를 밝혔으니 이제 가치관에서 발전한 나의 역량을 드러낼 차례다. 중요한 건 사실 가치관이 아니다. 가치관에서 발전한 나의 역량이 중요하다.

이렇게 형성된 가치관이 내가 가진 역량이 되었음을 강조하자. 구체적으로 예를 들자면 이와 같다.

> "저는 OOO한 일을 할 당시 준비를 제대로 하지 않아
> 실패한 경험이 있습니다. 이를 통해 앞으로는 모든 일에
> 철저히 준비하겠다는 가치관이 생겼습니다. 이러한 가치관은
> 제가 치밀성을 기르도록 해 주었습니다."

이 다짐을 바탕으로 배려하는 부드러운 리더십을 가지게 되었습니다.

4. 성공 경험

다음으로 이 역량을 통해 얻은 성공 경험을 쓴다. 다른 문항과 마찬가지로 나의 성공 경험은 내 역량을 증명하는 근거다.

예시

> 부드러운 리더십은 타 부서의 참여가 필요한 업무 경험에서 마감기한을 지키는 원동력이 되었습니다.
> ○○생명 총무팀 인턴을 하면서 연말정산 시즌에 모든 직원들의 서류를 받아야 하는 업무를 맡았습니다. 하지만 바쁜 업무 탓에 직원들이 서류 제출을 잊거나 미루는 경우가 많았고, 마감기한 안에 업무를 다 끝내지 못할 수도 있는 상황이었습니다. 저는 마감기한 안에 업무를 다 끝내고자 서류를 제출하지 않은 직원들의 명단을 파악하고, 직접 그 직원들이 일하는 부서로 찾아가 커피 한 잔을 건네며 서류를 요청했습니다. 많은 부서들을 다니느라 업무시간이 초과되었지만 오히려 저의 노력을 보고 타 부서 직원들이 서류 제출을 독려해주셨고, 결국 마감기한 전에 모든 직원들의 서류를 받아 업무를 완수할 수 있었습니다.

5. 포부

마지막 블록에는 미래의 포부를 밝힌다. 방식은 역량 성장 과정과 동일하다. 이와 같은 성장 과정을 통해 개발한 나의 역량을 지원한 회사에 들어가 어떻게 발휘할 것인지를 중점적으로 작성한다.

예시

> 업무를 완수하는 것만큼 협업하는 과정이 중요하다는 것을 잊지 않고, 공동의 목표를 위해 화합하는 직원이 되겠습니다.

기본문항 4대장 POINT-1

1. 지원동기를 통해 회사에 기여할 수 있다는 점을 강조하라.

  - 직무 관련 경험 제시
  - 산업군 지식 제시
  - 회사에 차별점과 강점 서술
  - 회사에 기여하고자 하는 바를 서술

2. 성장과정에서 직무 역량이 드러나는 경험을 제시하라.

  - 회사에 맞는 가치관을 강조
  - 직무의 핵심 역량 서술
  - 직무 역량이 드러나는 경험 제시

"저는 성격의 단점마저
직무와 잘 맞는 사람입니다."

PART 3
성격의 장단점

○ 성격의 장단점 문항 이해하기

성격의 장단점은 역량 모델링이 되기 이전에는 성격을 통해 그 사람이 이 직무와 잘 맞는지 안 맞는지를 볼 수 있는 문항이었다. 예를 들어, 성격이 사교적일 때는 영업 직무에 잘 맞으리라 생각하고 꼼꼼한 성격이라면 경리 직무를 잘 할 것이라고 예상했다.

하지만 역량 모델링이 대부분의 회사에서 진행된 이후 사실상 성격의 장단점은 의미가 없어졌다. 성격이 비즈니스 환경에서 긍정적으로 발휘되면 강점이 되는 것이고 부정적으로 발휘되면 약점이 되는 것이다. 그렇다면 왜 아직도 성격의 장단점을 물어보는 것일까? 여러 회사의 인사담당자들에게 직접 물어봤다. 어떤 회사의 경우에는 자소서 문항을 바꿀만한 이유가 마땅치 않아서 성격의 장단점 문항을 그대로 두고 있다고 했다. 어떤 회사는 사람 자체의 성향을 보고 채용하기 때문에 성격의 장단점을 물어본다고 말했다. 이런 경우는 원석과 같은 인재를 찾아 회사에서 갈고 닦아주겠다는 의미이기도 하다.

그렇다고 성격의 장단점을 쓸 때 정말 자기 성격의 장단점을 그대로 쓰면 될까? 그렇지 않다. 성격의 장단점도 직무 역량과 관련지어 써야 한다. 이 문항은 지원자가 가지고 있는 성격의 장단점이 실제 업무 환경에서 어떤 식으로 발휘될지를 알려는 목적이 있기 때문이다. 즉, 지원자가 직무와 잘 맞는 사람인지 그 캐릭터를 보기 위한 것이다.

○ 인사담당자의 관점

인사담당자는 성격의 장단점을 통해서 무엇을 보고자 하는가? 성격의 장단점을 통해서는 크게 지원자가 직무를 수행하면서 강점이 될 만한 장점이 있는가, 단점을 인지하고 개선의 노력을 하고 있는가를 본다. 서류 전형에서는 성격의 장단점이 당락을 결정짓지는 않는다. 성격의 장단점은 주로 면접에서 활용된다. 성격의 장단점에 관한 질문에 대한 지원자의 태도, 답변 내용 등을 고려하여 성격과 역량을 판단하고, 자소서에 썼던 장단점을 보조 정보로 확인한다. 한 가지 생각할 것은 장점을 보고 합격 여부를 가리는 것이지 단점을 보고 불합격을 주지는 않는다는 것이다. 단, 단점을 거짓으로 감추려고 했다가는 불합격될 수 있다.

- **☑ 성격이 지원 직무와 부합하는가?**
- **☑ 성격의 장점이 긍정적으로 발휘되어 직무 역량이 될 수 있는가?**
- **☑ 단점으로 인해 발생하는 문제를 인지하고 있는가?**
- **☑ 단점을 개선하고자 노력하고 있는가?**

지금부터 성격의 장단점을 작성하는 방법에 대해 알아보자.

성격의 장단점 작성법

1
block

성격의 장점
저의 장점은 ○○입니다.

중요!

2
block

장점 사례 (성공 경험)
○○경험을 하면서 ○○문제를 저의 장점인 ○○으로 해결하여
○○한 성과를 만들었습니다.

3
block

단점과 단점에서 오는 문제점
이러한 장점과는 반대로 ○○한 단점이 있습니다. ○○단점으로
인해 간혹 ○○한 문제들이 발생합니다.

4
block

문제 보완
○○한 방법을 사용하여 ○○단점으로 인해 발생하는 문제들을
보완하고 있습니다.

1. 성격의 장점

제일 첫 번째 블록인 '성격의 장점'이다. 이 블록에는 자신의 장점을 "저는 ○○○한 장점이 있습니다."라고 직관적으로 써주자. 멋있게 쓸 필요 없이 직관적으로 본인의 장점을 쓰면 된다.

이렇게 쓰기 이전에 해야 할 것이 있다. 자신의 장점이 무엇인지를 정확하게 알아야 한다. 이 때 장점은 직무를 수행할 때 갖춰야 하는 장점을 의미한다. 실제 내가 가지고 있는 장점을 쓴다고 해서 다 의미가 있는 것은 아니다. 내가 가지고 있는 장점들과 해당 직무의 장점이 맞는 경우에만 장점으로 어필할 수 있다.

만약 본인 성격의 장점이 직무에 필요한 장점과 맞지 않는 경우에는 어떻게 해야 할까? 답은 간단하다. 그 직무에 지원하지 않는 것이 좋다. 본인을 직무에 맞추려고 하다 보면 더 힘들어지기 때문이다. 본격적으로 직무에 지원하기 전에 지원 직무에 필요한 핵심 장점들이 자신의 장점과 맞는지 잘 확인해 보자.

예시

적극성을 통해 뛰어난 성과를 만듭니다.

2. 장점 사례(성공 경험)

그 다음인 '사례' 블록이다. 이 부분에는 장점이 발휘된 성공 사례를 쓰면 된다. 자신의 역량과 장점을 말한 뒤에는 항상 경험을 통해

근거를 들어주어야 한다. 첫 번째 블록과 두 번째 블록의 분량은
전체 분량의 60퍼센트 정도로 써주면 된다.

예시

대형 유통점 완구 파트 아르바이트를 하며 적극성으로 8퍼센트 매출 성장을 이룬 경험이 있습니다. 완구 파트에서 근무하며 매년 1~2퍼센트씩 매출이 줄고 있다는 이야기를 파트장님께 들었습니다. 주 고객층인 미취학 아동들이 완구파트에서 가장 관심을 보인 제품은 TV에서 방영되는 캐릭터가 들어간 완구들이었고 그 외에는 관심조차 갖지 않았습니다. 또한 기능이 다양한 상품들의 경우 어떻게 작동시켜야 하는지 몰라 관심을 갖지 못하는 것을 발견했습니다. 저는 파트장님께 캐릭터 상품 옆에 신규 상품들을 진열하고 아이들에게 재미있게 노는 방법을 시연해보자고 제안하였습니다. 상품 진열을 담당했던 저는 진열과 함께 아이들이 오면 시연을 해야 하는 과업이 추가되었지만 이러한 적극적인 제안과 노력으로 완구 부문에서 당해 8퍼센트 성장을 이끌어 낼 수 있었습니다.

3. 단점과 단점에서 오는 문제점

다음은 '단점과 단점에서 오는 문제점' 블록이다. 장점 부분은
대부분 무난하게 잘 쓰지만, 단점 부분을 쓸 때 어려움을 많이 겪는다.
단점을 쓰는 방법은 2가지가 있다. 첫 번째 방법은 자신의 솔직한
단점을 쓰는 것이다. 단, 자신의 솔직한 단점을 쓸 때는 너무 치명적
이거나 극단적인 단점은 쓰지 말아야 한다. 두 번째 방법은 단점을
어떤 것으로 쓸지 모르는 경우에 쓰면 된다. 바로 장점과 반대되는
것을 단점으로 쓰는 것이다. 꼼꼼한 것이 장점이라면 실행력이 떨어
지는 것은 단점으로 쓸 수 있다. 단점을 쓰는 블록은 장점을 쓰는 블록

과 동일하게 자신의 단점을 간단하게 써주면 된다. 단, 절대 장점과 같은 단점은 쓰지 말자. 단점은 단점 그대로 보여주면 된다. 단점이 없는 사람은 없다. 단점을 인지하고 문제가 생기지 않을 수준으로 보완을 하면 된다.

4. 문제 보완

마지막으로는 가장 중요한 보완점을 쓰는 단계이다. 위에서 단점을 솔직하게 써도 된다고 말한 이유가 여기에 있다. 모든 사람은 단점을 가지고 있다. 단점을 정확하게 인지하고 명확한 방법으로 보완을 하면 문제가 없다. 그래서 보완점을 쓰는 경우 대부분 단점을 보완하는 내용을 쓴다. 하지만 여기서 단점은 나의 캐릭터 그 자체이기 때문에 죽을 때까지 극복되지 않는다. 만약 극복된다면 그것은 더 이상 단점이 아니다. 그렇다면 어떤 것을 보완하는 내용을 써야 할까? 바로 '단점으로 인해 발생하는 문제'를 보완하는 내용을 써야 한다.

단점으로 인해 발생하는 문제를 보완하는 방법에는 여러 가지가 있지만 그 중 가장 좋은 것은 '장점으로 보완하는 방법'이다. 예를 들어, 장점이 사교성이고 단점이 의사결정을 잘 못 하는 것이라고 하자. 이러한 단점으로 인해 결정하는 데 시간이 오래 걸리는 문제가 발생할 수 있다. 이때 본인의 장점을 활용해 "저와 친분이 두텁고 제가 신뢰하는 사람들에게 묻고 또 물어 제 생각에 대한 확신을

가지고 결정을 신속히 내릴 수 있도록 보완하고 있습니다."라고 쓰면
된다.

 예시

급한 성격으로 인해서 가끔 잘못된 결정을 내려 다시 시도하거나 꼼꼼하게 확인하지 못해 다시 반복해야 하는 실수를 하는 경우가 간혹 있습니다. 이러한 저의 단점에서 비롯된 문제들은 대부분 제가 숙련되지 않은 일을 함에도 불구하고 급한 성격으로 인해 주의 깊게 접근하지 않아 발생하는 일이라는 것을 알게 되었습니다. 이러한 문제들을 예방하기 위해 일을 시작할 때는 전문가나 주변에 주의할 점, 주안을 두어야 하는 점들에 대해 적극적으로 조언을 구하여 빠른 실행에도 문제가 발생하지 않도록 노력하고 있습니다.

성격의 장단점 예시

1. 저는 유연한 사고를 할 수 있다는 장점을 가졌습니다. 덕분에 다른 사람의 조언과 새로운 의견을 잘 수용할 수 있는 마인드를 가지고 있습니다.

2. 저는 항상 남들보다 배우는 것과 적응하는 것이 빠르다는 장점이 있습니다. 이러한 장점은 제가 무엇이든 도전할 수 있는 도전정신을 가질 수 있게 해주었습니다.

3. 저는 항상 어떤 일이든 두 번 이상 체크하는 꼼꼼함이 장점입니다. 인턴 당시에도 정확하고 꼼꼼한 일 처리로 상사에게 인정을 받았습니다.

4. 저는 매사에 긍정적인 사고를 한다는 장점을 가졌습니다. 긍정적인 사고는 "어떤 일이든 하면 된다."라는 생각을 하게 해주어 불가능한 일도 가능하게 만들 수 있는 원동력이 되었습니다.

5. 저의 장점은 예상하지 못한 큰일이 발생해도 당황하지 않고 차분하게 일을 해결하는 침착성입니다.

6. 저의 세심하고 차분한 성격은 복잡하고 정확성을 요구하는 업무를 하는 데 도움이 될 것입니다.

7. 저의 장점은 빠르게 상황을 분석하고 가장 효율적인 방법을 찾아 결단을 내리는 신속한 결단력입니다.

8. 저의 호기심이 많은 성격은 제가 새로운 것을 봐도 그냥 지나치지 않고 한 번 더 생각하게 하여 더 많은 배움과 아이디어를 얻을 수 있게 해주었습니다.

9. 저의 장점은 도전하지 않고 후회하는 것보다 도전하고 배우며 성장하는 도전정신입니다.

10. 저는 한 번 하고자 하는 일은 중간에 아무리 힘든 일이 발생해도 포기하지 않고 끝까지 실현하는 끈기가 장점입니다.

"저는 입사하면 직무 역량을 기르며 파악한 문제를
해결하겠습니다."

PART 4

입사 후 포부

○ 입사 후 포부 문항 이해하기

입사 후 포부는 직무 중심 채용으로 변화한 지금, 가장 뜨거운 문항이 되었다. 얼마 전까지만 해도 지원동기, 성장 과정, 성격의 장단점과 함께 사라지고 있었던 문항이 왜 갑자기 대부분의 기업에서 물어보는 가장 중요한 질문 중 하나로 떠오르게 된 것일까?

자소서 문항은 잘 쓴 사람과 못 쓴 사람이 구분되지 않는 경우, 즉 변별력이 없는 경우 사라진다. 지원동기의 경우가 그에 해당한다. 반면에 입사 후 포부는 오히려 더 강화되고 있다. 이 말은 입사 후 포부의 변별력이 점점 높아지고 있다는 것이다.

직무 중심 채용이 채용 시장의 대세로 자리 잡으면서 '해당 직무를 가장 잘 수행하는 사람'을 뽑는 것이 매우 중요해졌다. 직무를 가장 잘 수행하는 사람을 다시 나눠보면 '직무 역량이 있는 사람'과 '직무 이해도가 높은 사람'으로 갈린다. 그중 직무 역량은 다른 역량기반 자소서에서 확인할 수 있고 직무 이해도는 입사 후 포부에서 확인할 수 있다.

직무 이해도를 서류 전형에서 확인하는 방법 두 가지다. 첫 번째는 이력서에서 유사경험 유무와 기간을 통해 확인하는 간단한 방법이다. 두 번째는 자소서에서 확인하는 방법이다. 자소서에서 직무 이해도를 확인하는 방법은 다시 두 가지로 나뉘는데 하나는 회사의 전략, 산업군의 미래 등에 대한 본인의 생각을 묻는 문항이며 다른 하나가 바로 입사 후 포부 문항이다. 이런 이유 때문에 요즘 채용의 트렌드를 볼 때 가장 중요한 문항 하나를 뽑으라고 한다면 나는 망설임 없이 입사 후 포부를 고를 것이다.

○ 인사담당자의 관점

인사담당자는 입사 후 포부를 통해서 무엇을 보고자 하는가? 바로 직무에 대한 이해도를 보려고 한다. 즉, 지원을 앞두고 어떤 직무에 지원할지 고민하는 지원자를 거르고 예전부터 지원 직무를 꿈꿔온 지원자를 찾으려고 한다. 입사 후 포부를 작성하는 방법은 경력계발 과정(CDP)에 대한 이해 여부로 나누어 작성할 수 있다. 2장에서 다루었던 직무분석 테이블에 자신이 알고 있는 직무 내용을 아래 질문에 유의하며 기록해보자.

✓ 직무의 정확한 역할 정의를 할 수 있는가?

✓ 해당 직무는 어떤 일을 하는지 알고 있는가?

✓ 해당 직무에 필요한 역량이 무엇인지 아는가?

✓ 직무가 해결해야 하는 과제를 알고 있는가?

✓ 직무의 최근 이슈는 알고 있는가?

✓ 직무의 CDP를 알고 있는가?

○ 입사 후 포부에 쓰지 말아야 하는 내용

입사 후 포부의 핵심은 나는 이 직무를 예전부터 꿈꿔왔다고 어필하는 것이다. 이를 위해서 꼭 들어가야 하는 내용과 빠져야 할 내용이 있다. 후자는 써봤자 평가자에게 아무런 감흥도 줄 수 없는 내용이다. 그렇다면 구체적으로는 어떤 것이 있을까?

첫 번째는 "OOO 분야의 전문가가 되겠다."라는 말이다. 어떤 분야의 전문가는 입사하지 않은 현재에도 충분히 될 수 있기 때문에 입사 후 포부 문항에는 어울리지 않는다. 자신이 희망하는 직무에 대해 하고 싶은 일이 있을 때 평가자는 지원자가 예전부터 정말이 직무를 꿈꿔왔다는 것을 느낄 수 있다.

또한 '전문가'라는 말은 읽는 이의 입장에서 그 기준이 불명확하기 때문에 어느 정도의 직무 지식과 경험을 쌓겠다는 것인지 와닿지 않는다. 입사 후 포부 문항은 자신이 그 직무에 대해 꿈꿔온 것들을 구체적으로 써야하는 만큼 두루뭉술한 목표보다는 정확한 직책과 업무를 써주는 것이 좋다.

두 번째는 "배워보겠습니다." 혹은 "학습하겠습니다."라는 말이다. 입사 후 포부를 쓰는 과정에서 제일 중요한 것은 자신이 '이 직무를 통해서 해보고 싶은 것'이 무엇인지 보여주는 것이다. 여기서 주의 해야 할 것은 배워보겠다거나 학습하겠다는 말이 '해보고 싶은 것' 과는 완전히 다르다는 것이다. 이런 말은 자신이 지원한 직무가 어떤 일을 하는지 정확히 알지 못하는 경우에 쓰게 되는 말이다. 평가자 입장에서도 지원자가 직무에 대한 이해가 부족한 것으로 생각하기 때문에 지양해야 하는 말이다.

세 번째는 직무에서 당연히 수행해야 하는 일을 나열하기만 하는 것이다. 예를 들어 "중장기 사업전략을 수립하는 경영자가 되고 싶다"며 경영자로서 당연히 해야 하는 일을 쓰는 것을 말한다. 이를 벗어나기 위해서는 어떤 전략을 어떻게 수립할 것인지를 구체적으로 작성해야 한다. 직무의 성장 과정(CDP)을 정확히 파악하고 쓰는 것만이 다가 아니다. 해당 직책, 위치가 되었을 때 구체적으로 해보고 싶은 일, 회사에 기여하고 싶은 포인트를 써야한다.

네 번째는 회사 밖에서 하는 일에 대해서 쓰는 것이다. 평가자는 지원자가 이 회사에서 일하며 어떤 식으로 기여를 할 것인가를 본다. 때문에 회사 밖에서 하는 일을 쓰는 것은 아무런 소용이 없다. 너무 솔직한 것도 지양해야 한다. 입사 후 중간에 잠시 회사에서 나가서 하는 일을 쓰더라도 최종적으로는 다시 회사에 돌아와서 하는 일을 써야 한다.

○ 입사 후 포부에 꼭 들어가야 하는 내용

입사 후 포부에 공통으로 들어가야 하는 내용은 바로 "최종적으로 도달하고 싶은 목표와 하고 싶은 일"이다. 입사 후 포부의 가장 앞부분에 "자신이 그 직무에서 최종적으로 도달하고 싶은 구체적인 목표나 직책"을 써주는 것이 좋다.

사람은 자신이 정말 하고 싶은 일을 꿈꿀 때 미래에 대해 생각한다. 사랑하는 연인이 있을 때도 자연스럽게 그 연인과의 미래를 꿈꾸게 된다. 직무도 마찬가지다. 내가 정말 하고 싶은, 사랑하는 직무라면 미래에 그 직무를 통해 어떤 일을 할지 꿈꾸게 되는 것이다.

쉽게 이해할 수 있게 예를 들자면 "최종 목표는 아시아 총괄 CHO가 되는 게 저의 비전입니다. CHO가 되어 직원 평가에서 절대평가 제도를 도입해보고 싶습니다." 같은 식으로 써주면 된다는 말이다. 보다 자세하게 알고 싶다면 현직자 카페 등을 통해서 정보를 얻으면 좋다.

수많은 기업 인사담당자들을 만나면서 최고의 질문이 무엇이냐고 하였을 때 하나같이 답하는 것은 "회사에 입사하면 무엇을 하고 싶어요?"라는 질문이다. 나 또한 이견이 없다. 이 하나의 질문에서 정말 많은 것을 알 수 있기 때문이다. 지원한 직무에 대한 이해도, 회사에 대한 이해도, 열정, 준비성 등 등 수많은 내용을 이 하나의 질문에서 파악할 수 있다.

　지금 당장 특별한 것이 없어도 괜찮다. 직무분석과 산업, 기업분석을 바탕으로 내가 해당 직무에서 어떤 일을 해보고 싶은지 깊이 생각해보고 작성하자. 우선 입사 후 포부를 작성하는 두 가지 방법에 대해 알아보자. 입사 후 포부는 직무의 CDP(경력개발계획)와 구체적으로 하는 일을 아는 경우와 모르는 경우로 나눠서 작성해볼 수 있다. 우선 모르는 경우를 먼저 살펴보도록 하자.

입사 후 포부 작성법

- CDP를 모르는 경우

1
block

현재 해결하고 싶은 일
저는 ○○으로서 ○○한 문제를 ○○한 방법으로 해결해 보고
싶습니다.

중요!

2
block

최근 이슈 해결
○○사 ○○은 올해 들어 ○○한 어려움을 겪고 있습니다.
문제의 원인은 ○○이라고 생각합니다. ○○한 방법을 통해서
○○을 극복/해결/성공/완성 하고 싶습니다.
또한 매출 견인을 위해서는 ○○에 집중해야 한다고 생각합니다.
○○을 통해서 ○○하여 ○○한 문제들을 해결해 보고 싶습니다.

1) 현재 해결하고 싶은 일

첫 번째 문항은 자신이 그 회사에서 하고 싶은 일을 적은 것이다. 지원동기의 첫 번째에 적은 것과 동일하게 어떠한 일을 해보고 싶은지, 어떤 문제를 해결하고 싶은지를 써야한다. 또한 OOO한 일을 담당해서 어떠어떠한 성과를 내고 싶다고 쓰면 된다. 더 구체적으로는 최종적으로 도달하고 싶은 직책과 부서를 쓰는 것도 괜찮다.

지원동기와 입사 후 포부 둘 다 '내가 하고 싶은 것'을 적는다면 둘이 무슨 차이가 있는지를 질문할 확률이 높다. 이럴 때는 지원 동기는 내가 하고 싶은 일이 있다는 것의 진실성을 보여주는 문항이고, 입사 후 포부는 내가 하고 싶은 일의 방법을 적는 문항이라고 이해하면 된다.

2) 최근 이슈 해결

두 번째 문항은 조사를 통해 파악한 '직무와 회사의 문제 혹은 이슈', '회사의 성장 동력' 등을 쓰고 이 문제를 해결하고 싶다, 한마디로 회사에 기여하고 싶다고 쓰면 된다. 현직자의 도움 없이 어떻게 이러한 내용을 알 수 있을까? 답은 의외로 간단하다. 인터넷 조사를 통해 알 수 있다. 직무의 문제나 이슈 같은 것은 직무 관련 카페를 통해서도 충분히 얻을 수 있는 정보들이다. 그러니 어려울 것 같다는 생각에 망설이지 말고 지금부터 직무 관련 정보들을 수집하자.

직무나 회사의 문제, 이슈를 활용해 쓰는 방법 외에 자신의 아이디어를 활용하는 방법도 있다. "현재 회사의 주 고객들의 생활패턴이나 소비패턴은 이러한데 저는 OOO한 전략, 방법을 실행해 보고 싶다"고 구체적으로 쓰면 된다.

그렇다면 어느 정도로 구체적이어야 할까? 단순히 "고객의 니즈를 파악해 적용하겠습니다, 직접 현장에서 발로 뛰겠습니다."라고 쓰는 것이 아니라 '고객의 니즈'가 무엇인지를 자세하게 써야 한다. 세상에는 다양한 고객의 니즈가 존재하는데 그 모든 것들을 '고객의 니즈'라는 말로 그냥 넘어가는 것이 아니라 그중에서도 어떤 니즈인지 말해주어야 한다. 이를 통해 본인이 정말 이 직무를 예전부터 꿈꿔왔고 이 직무를 수행하면서 어떤 일을 하고 싶어 했는지를 고민한 흔적을 보여줄 수 있는 것이다.

예시

해외 파견 교육 봉사자들은 고정적인 수입이 매우 낮아 어려움을 겪는 경우가 많습니다. 본부에서 지급되는 낮은 파견 비용만으로 생활하고 있어 지속성있는 파견의 어려움에 대해 논의되고 있습니다. 그러다보니 2년 이상의 파견 교육 봉사자들의 비율이 매해 줄어들고 있습니다.

이러한 어려움을 후원 기획 담당자로서 해결하고 싶습니다. 먼저 후원사 발굴의 다양화를 기획하고 구현해 보고 싶습니다. 단순 일회성 기업 후원이 아닌 지역 결연 형태의 매칭으로 기업 후원을 연계하겠습니다. 기업에게는 장기적 결연형태의 후원을 통해 해당 국가의 브랜딩 홍보 효과를 제시하겠습니다. 또한 기업 뿐만 아니라 민간 연계 후원금 제도를 만들고 싶습니다. 개인마다 마음이 가는 나라가 한두 곳은 있다고 생각합니다. 여행을 했던 곳, 추억이 있는 곳에 후원을 하고 싶은 것이 후원자들의 마음입니다.

저는 민간 개인 연계 후원금 제도를 만들어 추가 지원금 형태로 운영하여 지원하고 싶습니다. 이러한 문제뿐만 아니라 후원금 운용에 대한 투명성과 대 후원자 서비스를 강화하고 싶습니다. 또한 정기적인 SNS 콘텐츠 업로드와 유튜브 채널 운영을 통해 내가 후원한 나라의 상황과 후원금의 쓰임에 대해 안내하여 후원자가 보람을 느낄 수 있도록 하겠습니다.

입사 후 포부 작성법

- CDP를 아는 경우

하고 싶은 일

저의 최종 목표는 ○○이 되어 A를 성공, 해결, 완성하는 것입니다.

연차별·단계별 하고 싶은 일

○○경험을 하면서 ○○문제를 ○○한 방법을 통해 해결하며 ○○을 배우고, 성장해 가겠습니다.

기회가 된다면 ○○을 경험하고 싶습니다.

○○에서 ○○역량을 쌓아 ○○직무의 기초를 쌓고 싶습니다.

해외 선진사례인 ○○을 한국에 도입해서 ○○한 제도를 만들고 싶습니다.

이를 통해 A를 성공, 해결, 완성시키는데 기여하겠습니다.

1) 하고 싶은 일

첫 번째 문항은 직무를 잘 알지 못하는 경우와 동일하다. 지원동기의 첫 번째 문항에 적은 것과 같이 어떠한 일을 하고 싶은지, 어떤 문제를 해결하고 싶은지를 써주면 된다. 또한, OOO이라는 일을 담당해서 이러한 성과를 내고 싶다고 쓰면 된다. 더 구체적으로는 최종적으로 도달하고 싶은 직책과 부서를 쓰는 것도 좋다.

2) 연차별·단계별 하고 싶은 일

두 번째 블록은 연차별 혹은 단계별로 수행하는 일에 관해 쓰면 된다. 이렇게 쓰는 것은 직무의 경력개발계획(CDP)에 대한 명확한 이해가 있어야만 가능하다. 최종적으로 도달하고 싶은 목표를 향해 달려가는 과정을 연차나 단계별로 쓰는 것이다. 연차별은 1년 차, 5년 차, 10년 차로 나누어 쓸 수도 있고 5년 차, 10년 차, 10년 이후로 나누어서도 쓸 수 있다.

반면 단계별로 쓰는 방법은 1년 차, 5년 차, 10년 차로 나누는 것이 아니라 1단계, 2단계, 3단계로 나누어 쓰는 것이다. 이는 연차별에서 1년 차, 5년 차, 10년 차 로 썼던 것을 1단계, 2단계, 3단계로 바꾸어 주면 된다. 자신이 하고자 하는 최종 목표에 도달하기 위해 단계별로 어떤 일을 수행할 것인지를 쓰는 것이다.

단계별로 쓰는 방법은 연차별로 쓰는 방법과는 다르게 병렬적인 구조로 쓸 수 있다. 입사 후 포부의 핵심은 구체성이다. 단순하게

1년 차나 5년 차에 하는 일을 쓰는 것은 중요하지 않다. 내가 해보고 싶은 계획이 나오면 가장 좋고 그게 어렵다면 어떤 일을 담당하게 되는지, 그리고 어떤 문제에 직면하게 될지를 쓰고 그것을 극복해가는 이야기를 구성해보자. 예를 들면, "1년 차에는 주로 A일을 하게 되는데 그때 B라는 어려움을 극복하고자 C, D를 준비하고 미리 계획하겠다." 는 식으로 작성해볼 수 있다.

예시

첫 번째 단계로 영업관리자는 매장관리, 매출관리, 상품관리, 사람관리를 합니다. 그중 판매사원들의 만족감을 높여 고객의 만족감을 이끌어내고 싶습니다. 고객이 마주하는 사람은 판매사원입니다. 고객의 입장에선 판매사원의 응대가 곧 백화점의 이미지가 되며 이는 매출과 직결됩니다. 그리고 판매사원을 알아야 고객을 알 수 있다고 생각합니다. 먼저 판매사원을 관리 대상이 아닌 협업 관계로 바꾸고 싶습니다. 관리자와의 관계가 갑을 관계일 수밖에 없는 판매사원들의 소리에 귀 기울이겠습니다. SNS채널을 활용한 익명 건의 게시판을 제안하고, 행사 계획일정 공유 등 층 운영에 있어 투명성을 제고하여 판매사원과의 자유로운 소통이 가능하도록 만들겠습니다. 이외에도 다양한 소통의 창구를 만들어 판매사원들의 이야기를 듣겠습니다.

향후에는 해당 플로어의 매니저를 넘어 지점 기획자로 성장하고 싶습니다. 지점 기획자가 되어 층에서 해보지 못했던 지점 전체의 콘셉트를 고객중심으로 변화시키고 싶습니다. 백화점을 상품을 소비하는 것에서 끝나는 곳이 아닌 문화적 만족감을 느낄 수 있는 공간으로 만들겠습니다. 백화점은 오프라인이라는 특성상 고객이 직접 매장에 방문하여 상품을 보고 만지고, 입어볼 수 있습니다. 저는 이 특성을 활용해 상품 외에도 오감을 활용한 전시물과 강연 등을 브랜드 매장에 적용시켜 고객에게 문화적 만족감을 선사하고 싶습니다.

예를 들어, 백화점 내 OOO 매장에서 OOO 디자이너를 초청해 강연을 진행하여 고객들이 브랜드 디자인에 대해 좀 더 깊은 정보를 얻을 수 있게 하고 싶습니다. 또한 고객이 직접 퀴즈를 풀고 이벤트에 참여하여 상품을 받아갈 수 있는 공간을 기획하고자 합니다. 최종적으로 지역 맞춤형 전략을 통해 고객에게 최고의 만족감을 선사하는 지점장이 되고자 합니다.

기회가 주어진다면 □□지역의 지점장을 해보고 싶습니다. □□지역은 학원가가 밀집해 있고 젊은 신혼부부가 많아 소비력이 높지 않은 지역입니다. 하지만 유동인구가 많아 지점 내 서점이나 영화관 같이 모객 효과가 높은 시그니처 콘텐츠를 구성하여 낙수효과를 기대할 수 있습니다. 또한 신혼부부 비율이 절대적으로 높은 □□지역의 특성상 1층을 아동층으로 구성하는 차별화를 통해 젊은 부부들이 가장 선호하는 백화점이 될 수 있도록 하겠습니다.

입사 후 포부 예시

1. 제가 OOO에 입사하게 된다면 저의 OO능력과 OO자질을 발휘해서 OOO의 발전에 기여하겠습니다. 또한, 사소한 일이더라도 항상 최선을 다하여 모두에게 인정받는 사람이 되겠습니다.

2. 지금까지 쌓아온 경험을 바탕으로 전문 지식과 실무 감각을 발휘해 OO 분야에서 OOO에 꼭 필요한 인재가 되도록 노력하겠습니다.

3. 저는 OOO경험을 통해 고객지향적인 마인드를 갖추었습니다. OO직무를 수행하며 고객이 필요한 것을 미리 준비하며 고객이 만족할 수 있도록 하겠습니다. 또한 한 번의 거래로 끝나는 고객이 아닌 지속해서 OOO을 찾는 고객이 될 수 있도록 만들겠습니다.

4. 10여 년간 쌓아온 OO관련 경험을 살려 현재 업계 1위를 달리고 있는 OOO의 성공에 기여하도록 하겠습니다. 더불어 성실함을 바탕으로 OOO의 조직에 꼭 필요한 인재가 되겠습니다.

5. 저의 경험을 바탕으로 고객을 상대하며 고객에게 만족감을 주고 고객이 필요한 제품과 정보를 정확하게 제공함으로써 신뢰를 얻겠습니다. 나아가 고객에게 항상 최고의 만족감과 신뢰를 주는 영업인이 되겠습니다.

6. 제가 OOO에 입사한다면, 저의 경쟁력이 곧 회사의 경쟁력이 된다는 생각을 가지고 업계에서 최고가 될 수 있도록 저의 경쟁력을 더 발전시키겠습니다.

7. 꾸준한 노력을 통해 쌓은 경험에서의 전공지식과 글로벌 역량을 바탕으로 OOO의 발전에 기여하고 해외 영업 분야에서 인정받는 인재가 되겠습니다.

8. 품질 관리 업무를 하는 데 필요한 지식을 습득하기 위해 관련 자격증을 취득하며 글로벌 시대에 OOO의 해외 진출에 기여할 수 있도록 외국어 자격증도 취득하겠습니다.

9. 현재 해외 시장조사와 네트워크 확대를 통한 해외 시장 진출에 노력하고 있는 OOO의 전략에 맞추어 영어뿐 아니라 제2외국어 자격증을 취득하여 OOO의 해외 진출에 기여하겠습니다.

10. OOO에 입사한 후에는 직접 영업점에 근무하며 다양한 영업 네트워크를 구성하고 저만의 영업 관리 노하우를 만들겠습니다.

Q. 입사 후 포부에 앞으로 배워나가고 싶다는 내용을 쓰고 싶다면?

먼저 해당 내용은 되도록 쓰지 않도록 권유한다. 회사는 배우는 곳이 아니라 결과를 내는 곳이기 때문에 보통 좋은 평가를 받기 어렵다. 그럼에도 불구하고 꼭 쓰고 싶다면 내가 아는 것과 모르는 것을 정확하게 설명하는 것이 중요하다. 아는 것을 설명할 때는 학교나 외부 학습을 통해 배운 내용, 범위를 설명하고 향후 직장 내에서 알아야 하는 것들을 현장에서 어떻게 학습해나갈지 설명한다.

기본문항 4대장 POINT-2

3. 성격의 장단점은 직무 역량에 방해가 되지 않는다는 점을 강조하라.

- 성격이 지원 직무와 부합하도록 작성
- 자신의 장점 중 직무역량에 긍정적으로 작용할 수 있는 성격을 제시
- 단점으로 인해 발생하는 문제를 인지하고 있다는 점을 강조
- 단점에서 발생하는 문제를 보완하는 노력을 강조

4. 입사 후 포부는 직무에 대한 이해가 잘 드러나도록 작성하라.

- 직무의 역할을 정확히 정의해 제시
- 해당 직무의 업무 내용에 대해 기술
- 해당 직무에 필요한 역량에 대한 생각 제시
- 직무가 해결해야 하는 과제에 대한 생각 제시
- 직무의 최근 이슈 제시
- 직무의 CDP에 대해서 알고 있는 바를 서술

5

성과지향성

"저는 성과를 내는 것을
가장 우선적으로 생각하고 있습니다."

역량 기반 자소서
이해하기

기업 자소서 문항에서 역량을 물어보는 역량 기반 문항들은 회사마다 모두 다르게 보이지만 사실 4가지 범주에서 묻고자 하는 것들이 동일하다고 보면 된다. 표로 보면 다음과 같다.

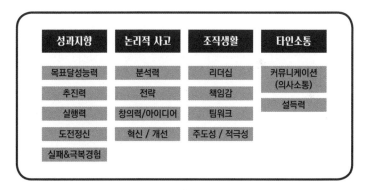

성과지향	논리적 사고	조직생활	타인소통
목표달성능력	분석력	리더십	커뮤니케이션 (의사소통)
추진력	전략	책임감	설득력
실행력	창의력/아이디어	팀워크	
도전정신	혁신 / 개선	주도성 / 적극성	
실패&극복경험			

목표달성능력, 추진력, 실행력, 도전정신, 실패극복 경험은 성과지향성을 확인하기 위함이고, 분석력, 전략, 창의력, 아이디어, 혁신/

개선 사례 등은 논리적 사고력을 보기 위함이다. 또한 리더십, 책임감, 팀워크, 주도성, 적극성을 통해 조직 생활의 모습들을 확인하기도 한다. 또 커뮤니케이션(의사소통), 설득력으로 타인과의 소통 능력을 보려고 한다. 이외에도 윤리, 갈등 해결, 자원관리 등 다른 역량 단위들을 확인하기도 한다. 이런 이해를 기반으로 역량 기반 자소서에 대해서 알아보자.

성과 지향성
드러내기

대표적인 역량 문항 3가지는 문제해결력, 목표달성능력, 커뮤니케이션이다. 이 중에서 문제해결력과 목표달성능력은 경험이 없으면 쓸 수 없다. 쓴다고 하더라도 각 역량에 맞지 않는 경험을 쓸 때가 많다. 이로 인해 잘 쓴 사람과 못 쓴 사람 사이에 변별력이 생긴다. 때문에 지원자들을 평가하는 회사입장에서는 문제해결력과 목표달성능력 문항을 선호하게 되었다.

그렇다면 회사는 신입들에게 왜 성과 지향성 문항을 물어보는 걸까? 간단하다. '어려운 일을 해내는 사람'과 '어려운 일을 어렵다고 하기만 하는 사람'을 구분하기 위해서다. 회사는 '어려운 일을 해내라'고 직원들에게 월급을 준다. 때문에 어떤 일을 할 때 어렵고 힘들다는 말만 던지고 끝인 사람보다 아무리 어렵고 힘든 일이라도 끝까지 도전해서 달성하는 사람을 선호한다.

지원자들은 '이 목표는 어떻게 해서든 달성하겠다'는 마인드를 가져야 한다. 목표를 달성하고자 결심한 사람은 달성하기 위한 방법을 생각할 것이다. 반면 '할 수 있을까?'라며 의구심부터 가지는 사람은 안될 이유부터 찾기 시작한다. 차이점은 마인드뿐이다. 여기서부터 목표를 달성할 수 있는 사람과 없는 사람으로 나뉜다.

성과 지향성 문항에서는 목표달성능력, 열정, 실행력, 추진력, 실패 극복 경험, 도전 경험을 묻는다. 그중 가장 기본이 되는 것은 목표달성능력이다. 목표달성능력을 토대로 도전 경험, 실패나 극복 경험을 쓰는 방법에 대해 알아보자.

○ 인사담당자의 관점

인사담당자가 성과 지향성을 통해 보고자 하는 것은 무엇일까? 목표를 향해 밀고 나가는 힘이다. 즉, 업무를 수행할 때 어떤 장애가 발생하더라도 포기하지 않고 극복하여 목표를 달성하는 지원자를 찾기 위해 성과 지향성 문항을 활용하는 것이다. 인사담당자가 성과 지향성을 통해 확인하는 것은 크게 두 가지다.

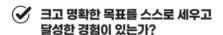

✓ **크고 명확한 목표를 스스로 세우고 달성한 경험이 있는가?**

✓ **목표를 달성하는 과정에서 발생한 문제를 어떻게 극복했는가?**

다음은 성과 지향성에 해당하는 역량과 작성 방법이다.

역량 정의

목표달성능력이란?

여러 장애에도 불구하고 결과와 목표 달성에 강하게 집착하는 태도를 말한다. 또한 어떤 어려움이 있어도 목표를 쉽게 수정하지 않고 추진하며 높은 목표를 세우고 최고의 수준에 도전하고자 하는 역량이다.

---

1. 자신에게 요구된 것 이상의 목표를 설정하고 이를 추구한 경험
2. 목표 달성을 위해 가능한 자원, 기술, 인력 등을 최대한 동원해본 경험
3. 항상 자신이 수행한 업무 결과를 검토하여 문제나 미비점, 보완점을 찾아 개선한 경험
4. 주변 직원들의 높은 목표 달성을 독려하고 지원한 경험

추진력이란?

업무 수행 과정에서 나타나는 장애와 난관을 제거하고, 진행 중인 상황을 정기적으로 점검하며, 상황에 따라 목표 달성을 위한 접근 방식을 융통성 있게 변경할 수 있는 역량이다.

---

1. 업무 진행 상황을 정기적으로 점검해서 목표 달성에 차질이 없도록 이끈 경험
2. 예상치 못한 문제가 발생했을 때 목표 달성을 위한 접근 방식을 적절하게 수정해 대처한 경험
3. 시간에 쫓기고 반대에 부딪쳤을 때도 일관성 있게 추진한 경험

도전정신이란?

자신감을 가지고 자신의 영역을 벗어나 새로운 과업에 도전하는 역량이다. 또한 새로운 가치를 창출할 수 있는 변화나 개선의 기회를 찾아내고, 이를 실행하기 위한 구체적인 방법을 모색하는 한편 과감하게 현상을 타파해 난관을 극복하고자 하는 태도를 일컫는다.

---

1. 현재의 상황에서 더 나은 앞날을 위해 위험을 감수하더라도 목표를 초과 달성하고자 노력한 경험
2. 과거 기준이나 관례에 맞지 않더라도 새로운 방식을 과감하게 실행에 옮긴 경험
3. 새로운 계획을 실행하기 위해 자원과 시간을 과감하게 투입한 경험
4. 결과가 다소 불분명하더라도 기회를 포착하거나 새로운 목표로 간주하고 과감하게 시도해본 경험

"저는 포기하고 싶은 마음을 이겨내고
항상 목표를 달성합니다."

PART 1

목표달성능력

○ 목표달성능력 문항 이해하기

목표달성능력은 성과지향적이다. 즉, 성과에 대한 집착이다. 내 인생에서 목표를 달성하기 위해 진심으로 집착했던 경험을 떠올려보라. 좋아하는 상대의 마음을 얻기 위해 몇 번이나 도전해 보았는가? 정말 좋아하는 상대라면 포기하지 않고 끝까지 노력을 쏟게 된다. 목표달성능력도 마찬가지다.

목표달성능력은 목표를 향해 밀고 나가는 힘이다. 하지만 주의해야 한다. 목표를 향해 밀고 나가는 것을 뜻하지만, 이것만 작성해서는 자소서에서 목표달성능력이 잘 드러나지 않는다. 그렇다면 어떻게 써야 목표달성능력을 잘 드러낼 수 있을까? '포기하고 싶은 역경'이 있어야 한다.

영화 〈반지의 제왕〉을 예로 들어보자. 프로도는 절대 반지를 파괴하기 위해 긴 여정을 떠난다. 만약 그 여정이 도시락을 챙겨 소풍을 가듯 평화로웠다면 어땠을까? 이렇게 되면 재미도 떨어지고 이야기가 진행되지도 않는다. 이야기 속 등장인물들은 악당과 맞닥뜨리고,

역경을 극복하며 성장한다. 목표를 향해가는 과정에 역경이 존재해야 성장이 두드러진다. 마찬가지로 내 인생에 역경이 존재해야 목표달성능력 역시 돋보이는 것이다.

다른 예를 들어보자. 철인 3종 경기에 출전하고 싶어 헬스장에서 열심히 체력을 단련한 선수가 있다. 그것만으로 목표달성능력이 높다고 볼 수 있을까? 목표를 달성하기 위한 그의 성실함이 진실로 와닿는가? 목표달성능력이 잘 드러나기 위해서는 고난과 역경이 존재해야 한다. 준비하던 도중 부상을 입었다거나 갑자기 큰일이 생겨 운동을 할 수 없게 되는 상황을 떠올려보자. 이와 같은 역경에도 불구하고 매일 헬스장에서 체력단련을 하고 준비를 한 후 철인 3종 경기에 나갔다고 한다면, 그의 노력은 더욱 돋보이게 된다. 역경을 극복했기에 비로소 그의 목표달성능력이 두드러지는 것이다.

'성과를 향한 목표달성능력이 있다'고 답해야 하는 우리에겐 목표를 달성하는 과정에서 마주치는 장애물이 중요하다. 목표는 중요하지 않다. 핵심은 장애물이다. 장애물은 몇 개나 있어야 할까? 하나만 있어도 되지만, 두 개가 가장 적당하다.

예상치 못한 장애물을 만나면 사람들은 목표를 포기하고 싶어진다. 누구라도 포기할 법한 상황에서도 장애물을 극복하고 목표에 도달하는 것이 목표달성능력이다. 목표달성능력을 쓸 때 가장 피해야 할 것은 '장애물 없는 성공'이다. 장애물이 없는 목표 달성은 의미가 없다. 아무리 성공적인 경험담일지라도 그 과정에서 발생한 장애물이 없었다면 쓰지 말아야 한다.

목표달성능력이 잘 드러나는
자소서 작성 방법

1 block

역량 / 재정의
높은 목표달성을 위해서는 ○○○이 중요하다고 생각합니다.
○○ 경험을 통해서 ○○한 목표를 달성한 적이 있습니다.

2 block

상황(목표)/대목표/소목표
○○시절 ○○간 ○○의 목표를 세웠습니다.
(○○반응이었지만 ○○한 이유로 꼭 달성하고 싶었습니다.)

| 예시 |
~~한 목표를 달성하기 위해서는 ~~을 반드시 해야만 했습니다.

3 block

액션 (장애물 극복)
○○을 진행하던 중 ○○한 어려움이 발생하였습니다.
(전혀 예상하지 못한 어려움이라 포기하고자 하는 주변의 반응)
○○을 해결하기 위해 ○○노력으로 극복했습니다.

4 block

결과
결국 ○○을 통해서 ○○라는 결과를 얻을 수 있었습니다.

5 block

포부
○○사의 A부분에 ○○직무로서 ○○부분의 ○○어려움을 해결/
성공/완성/기여/구현하겠습니다.

1. 역량/재정의

첫 번째 블록인 역량/재정의에서는 본인의 경험과 역량을 간단하게 적는다. "저는 OOO 경험을 통해 목표달성능력을 길렀습니다." 혹은 "저는 목표달성능력을 통해 OOO한 목표를 달성/성과를 이룬/결과를 얻은 경험이 있습니다."라고 써도 된다.

다음으로 자신이 생각하는 자신만의 목표달성능력을 쓴다. 이 과정이 재정의다. 앞으로 액션 블록에 나올 내용을 요약하는 것이기도 하다. 본인이 목표를 달성하는 과정에서 발생한 장애물들을 긍정적인 마인드를 가지고 끈기 있게 극복했다면 "저는 어떠한 어려움이 있어도 긍정적인 마인드를 가지고 끈기 있게 도전하여 목표를 달성합니다"와 같이 한 문장으로 정리하거나 요약하면 된다.

역량은 사람마다 각각 다른 모습으로 발휘된다. 때문에 재정의를 통해 자신의 목표달성능력이 어떤 식으로 발휘되었는지 한 번 더 정의해주어야 한다.

예시

저는 목표를 달성하고자 하는 의지와 노력으로 티셔츠 브랜드 창업 중 생산과 유통업체 계약 과정에서 발생한 문제를 극복하여 6개월만에 초기 투자비용 3배 이상의 매출을 달성한 경험이 있습니다.

2. 상황(목표)/대목표/소목표

두 번째 블록인 상황에서는 반드시 목표를 적어야 한다. 이때 다른 사람들보다 높은 수준의 목표를 설정하는 것이 중요하다. 여기에 왜 남들보다 높은 목표를 세웠는지, 내가 남들보다 높은 목표를 세웠을 때 다른 사람들의 반응은 어땠는지를 보충해서 쓴다면 더욱 좋다.

목표는 꼭 본인이 세운 것이 아니어도 된다. 다른 사람에게 받은 목표여도 괜찮다. 물론 본인이 세운 목표가 단계적으로 훨씬 높은 평가를 받는다. 하지만 본인이 세운 목표가 명확하지 않을 때는 타인에 의해 세워진 목표를 써도 좋다.

목표달성능력에서는 목표를 달성하는 과정 중에 넘어선 장애물이 핵심이다. 장애물이 크면 클수록 나의 목표달성능력이 커 보이기 때문이다. 내가 겪은 경험을 다른 방식으로 재정의하는 것도 좋지만 나의 경험을 장애물로 재정의하면 목표를 향해 밀고 나갈 수 있는 나의 힘을 가장 효과적으로 보여줄 수 있다. 이를테면 철인 3종 경기에 출전하려고 했는데 팔이 부러지는 시련에도 끝까지 코스를 완주했다고 쓰는 경우다. 지극히 개인적인 시련이고 다른 사람들은 느낄 수 없는 고통이지만 그것을 묘사해서 공감을 얻을 수 있다면 훌륭한 내용이 된다. 요컨대 장애물이 얼마나 컸으며 나를 힘들게 했느냐를 쓰는 것이 써야 할 내용이 된다.

장애물이 이유 없이 저절로 생기는 것도 아니다. 남들보다 높은 목표를 세우고 달려갈 때 발생하는 것이 바로 장애물이기 때문에 남들과 똑같은 일반적인 목표가 아니라 남들보다 더 높은 목표를 써야 한다. 하지만 이렇게 비교할 수 있을 만큼 다른 사람의 마음을 알 수도 없을 뿐더러 알아보려고 해도 거기에 들이는 수고도 만만

찮다. 이럴 때는 상대 평가의 맹점을 역이용하는 방법을 사용하는 것이 효과적이다.

　우선 내가 집중하고 있는 일의 대목표와 소목표를 나눠서 내용을 선명하게 정리한다. 내가 목표하고 있는 것을 대목표로 잡고 상대적으로 작은 목표를 소목표로 잡아서 정리하면 된다. 이렇게 되면 작은 목표들 사이에서 큰 목표가 부각되어 보이기 때문에 상대적으로 내 목표가 커보이게 된다. 이를테면 올해의 목표를 작년 매출보다 5퍼센트 높이는 것으로 잡았다면 여기에 재작년에 비해 작년 매출이 절반 가량 감소했다는 말을 덧붙이면 결코 낮은 목표로 보이지 않는다. 이 방법을 사용하면 평균 이하의 목표라 할지라도 강한 인상을 남길 수 있는 구조가 완성된다.

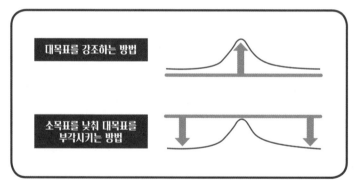

예시

　대학시절 다양한 아르바이트 경험에서 배운 소비자들의 이해와 패션에 대한 열정을 기반으로 패션 브랜드를 만들고자 티셔츠 브랜드를 창업하였습니다. 제품 생산을 위해 패션 디자이너, 쇼핑몰 웹 관리자를 모집하였고 정부지원금도 일부 받게 되어 순조롭게 창업 준비가 되는 것 같았습니다.

세 번째 블록은 액션이다. 이 블록에 목표 달성을 쓰는 방법은 2가지다.

첫 번째 방법은 '액션 블록에 두 개의 장애물을 넣어주는 것'이다. 먼저 상황 블록에서 말한 목표를 달성하기 위해 쭉 달려가는 과정에서 예상치 못하게 발생한 첫 번째 장애 요소를 쓰고, 그것을 극복한 경험을 덧붙인다. 두 번째도 동일하다. 예상치 못한 장애물을 먼저 작성한 후 그것을 극복하기 위해 했던 행동들을 작성한다.

두 번째는 '장애물을 하나만 쓰는 방법'이다. 내가 세운 목표가 높지 않다면 장애가 여러 번 발생하기가 어렵다. 이럴 때는 하나만 집중해서 쓰는 편이 낫다. '장애물이 하나밖에 없으면, 두 개일 때보다 점수를 더 적게 받지 않을까?'라는 생각이 들 수도 있다. 하지만 하나로도 얼마든지 두 개와 같은 효과가 가능하다. '다른 사람들의 반응'을 추가하는 것이다. 대부분의 사람들은 예상치 못한 장애를 만나면 '포기하자'거나 '그만두자'고 생각한다. 하지만 "나는 포기하지 않고 끝까지 노력해서 목표를 달성했다"고 하면 어떨까? 이렇게 쓰면 비록 장애요소는 하나밖에 없더라도 본인의 목표달성능력을 효과적으로 드러낼 수 있다.

그런데 왜 '예상치 못한 장애물'일까? 예상되는 장애물을 극복했을 때보다 예상치 못한 장애물을 극복했을 때 목표달성능력이 더욱 부각되기 때문이다. 목표달성능력 문항을 통해 우리가 강조해야하는 것은 '내가 이런 어려움을 극복하고 목표를 달성했다'는 점이다. 이를 위해 '예상치 못한 장애물'이 반드시 필요하다. 그러니 남들도 쓸 수 있는 예상 가능한 장애물보다는 예상치 못한 장애물을 쓰도록 하자.

단, 자칫 장애물을 극복하는 과정이 목표달성능력이 아닌 문제해결력과 비슷해 보일 수 있다. 문제해결력 역시 문제를 해결하는 역량이므로 큰 틀에서 보면 장애물을 극복하는 과정과 유사하다.

그렇다면 어떻게 써야 문제해결력으로 빠지지 않고 목표 달성능력을 쓸 수 있을까? 간단하다. 목표달성능력에는 내가 그 장애물을 극복하기 위해 '시간, 열정, 에너지를 투자한 것'을 쓰면 된다. 목표달성능력과 달리 문제해결력은 나의 사고 과정을 말하는 것이다. 문제 해결력에서는 문제를 해결하기 위해 시간을 단축하는 방법을 썼다면, 목표달성능력에선 오히려 내가 직접 발로 뛰고 시간을 투자해 노력한 과정을 중심으로 작성한다.

예시

제품 생산을 위한 준비를 마친 후 초도 물량을 생산하고자 공장을 찾았습니다. 그런데 원하는 공장을 찾아 문의했지만 학생 신분인 저에 대한 신뢰가 부족해 거래를 하지 않으려 했습니다. 5곳의 공장을 찾아갔지만 모두 거절당했습니다. 이에 저는 거래를 꺼려하는 사장님들의 마음을 돌리기 위해 매일 안부 연락과 함께 약 3주간 1주일에 4일을 방문하였습니다. 더불어 거래가 지속적으로 진행될 수 있다는 확신을 드리기 위해 사장님께 브랜드 기획 방향과 성장가능성에 대한 자료를 만들어 설명드렸습니다. 이러한 노력 끝에 사장님의 마음을 돌릴 수 있었고 1개의 공장에서 제품을 생산할 수 있었습니다.

이후 제품을 유통할 판매처를 찾았지만 판매처 측에서는 신생 브랜드라는 이유로 25퍼센트의 매우 높은 판매수수료를 제시했습니다. 마진률이 남지 않는 수수료였기 때문에 낮출 방법이 필요했습니다. 판매수수료를 낮추기 위해서는 장기적인 전략이 필요하다고 생각했습니다. 그래서 인플루언서들의 협찬을 통해 브랜딩을 시도했습니다. 약 30명의 인플루언서에게 브랜드 기획 의도와 디자인, 품질에 대한 설명을 담은 메시지를 보냈지만 처음엔 냉담한 반응이었습니다. 이에 포기하지 않고 매일 SNS계정을 방문하고 팬으로서 댓글을 남겨 자연스럽게 친분관계를 형성했습니다. 약 1달 간 노력한 결과 결국 5명에게 협찬을 할 수 있었고 그 후 인플루언서들이 올린 게시물을 보고 결국 판매처에서 먼저 입점 제안이 들어와 10퍼센트의 수수료로 계약을 체결할 수 있었습니다.

4. 결과

네 번째 블록인 결과는 말 그대로 '목표를 달성한 결과'를 적는다. "이러한 노력을 통해 ○○○한 결과를 얻을 수 있었다.", "목표를 달성할 수 있었다"고 쓰면 된다. 이때 단순히 결과 뿐 아니라 이 과정을 통해 배운 것도 적어준다면 더욱 좋다.

예시

창업과정 중 많은 난관이 있었지만, 포기하지 않고 노력한 결과 6개월 만에 목표 했던 초기 투자금액보다 3배 이상 많은 매출을 달성했습니다.

5. 포부

마지막 블록인 '포부'에는 앞으로 지원 직무를 수행하며 목표달성 능력을 어떻게 발휘하고 싶은지에 대해 담는다. "직무를 수행하며 ○○○한 어려움이 생길 수 있는데 이때 제가 가진 목표달성능력을 발휘하여 어려움을 극복하고 성과를 이루겠습니다."라고 기술한다.

예시

상품기획자로서 신규 상품을 기획하는 과정에서도 예상치 못한 난관들을 많이 마주하게 될 것입니다. 그때 저의 목표달성능력을 발휘하여 난관을 극복하고 목표를 달성하는 ○○○의 상품기획자가 되겠습니다.

"저는 실패의 위험을 무릅쓰고
도전한 경험이 있습니다."

PART 2

도전 경험

○ 도전 경험이란

도전 경험은 정말 중요하다. 다른 문항으로 활용할 수 있기 때문이다. 도전 사례는 한 가지만으로도 실패 경험, 힘들었던 경험, 목표 달성 경험까지 모두 쓸 수 있다.

만약 아직 어떤 일에 도전한 적이 없는 것 같은가? 그렇다면 지금 당장 밖으로 나가라. 영업 직무를 지원한다고 하면 남대문 시장에서 물건을 사서 지하철이나 길에서 판매해보면 어떨까? 장사가 잘 되기는 커녕 자리에서 쫓겨나거나 실패할 가능성이 더 크다. 하지만 이로 인해 자소서와 면접에서 활용할 경험이 생긴다면, 헛된 수고가 아닌 값진 노력이 된다.

이렇게 활용해보자. "어떤 것이라도 도전해보고 싶었지만 무엇을 해야할지 몰라 시장에서 물건을 떼어 지하철에서 팔아보았습니다. 그 과정에서 물건을 판매하는 일이 정말 어렵다는 것을 느꼈고, 아이템을 선정하는 것도 힘들다는 것을 깨달았습니다."

도전 경험은 소재 하나만 잘 선택하면 다른 문항으로도 활용이 가능하다. 위에서 예시로 사용한 물건을 판매한 경험은 실패담이 될 수도 있고, 한두 개라도 남에게 팔아보았다면 성공담이 될 수도 있다. 뿐만 아니라 도전 과전에서 겪은 어려움은 힘들었던 점으로 활용하면 된다.

경험 없이 도전 경험 작성하기

도전경험은 경험이 있는 경우와 없는 경우에 따라 쓰는 방법이 다르다. 두 경우 템플릿은 동일하지만 상황 블록에서 쓰는 방법의 차이가 있다.

역량 / 재정의

○○을 위해 ○○한 도전을 하여 ○○성과를 낸 경험이 있습니다.
○○한 도전을 통해 ○○을 배웠습니다.

상황 (리스크/반응)

○○시절 ○○간 ○○을 목표로 세웠습니다.
(○○을 포기해야 했지만 ○○을 달성/해결/완성하려 했습니다.)

중요!

액션 (장애물/극복)

○○을 진행하던 중 ○○한 어려움이 발생하였습니다.
(전혀 예상하지 못했거나 매우 큰 어려움 그리고 어려움에 대한 주변의 반응) ○○을 해결하기 위해 ○○노력으로 극복했습니다.

중요!

결과 (배운 점)

결국 ○○을 극복하지 못하고 실패/극복하여 성공하였습니다.
○○의 경험을 통해서 ○○는 ○○가 중요하다는 것을 배웠습니다.

포부

○○사의 A부분에 ○○직무로서 ○○부분의 ○○어려움을 해결/
성공/완성/기여/구현하겠습니다.

1. 역량/재정의

역량은 이렇게 시작하자. "저는 OOO 경험을 통해 도전한 경험이 있습니다. 이 도전을 통해 OOO을 배웠습니다." 이어서 자신이 생각하는 도전이 무엇인지 덧붙여 재정의한다.

이 항목을 쓰기 전에 먼저 내 경험이 도전에 해당하는지를 판단해야 한다. 도전 경험의 판단 기준은 '리스크'다. 어떤 일을 수행할 때 '리스크'가 있었는지, 없었는지를 통해 그 경험이 도전 경험이었는지를 판단할 수 있다. 만약 리스크가 존재하지 않았다면 도전이라고 할 수 없다.

전과(轉科)를 한 경우도 도전 경험이다. 단, 일반적인 기준으로 봤을 때 훨씬 인지도가 높은 학과에서 인지도가 낮은 학과로 옮겨간 경우에 해당한다. 취업을 하기에 유리한 학과에서 불리한 학과로 이동하며 리스크가 발생했기 때문에 이는 도전이라고 볼 수 있다. 또한 직무와 관련이 없는 경험도 도전에 해당한다. 내 삶의 범위를 벗어난 경험이면 된다.

> **예시**
>
> 도전은 성공과 실패의 결과보다 과정에서 얻는 자신의 성장이 중요합니다. 연극 공연 연출을 배우기 위해 학기 중에 무급으로 극단에서 일하며 스스로 세운 목표를 달성한 경험이 있습니다.

2. 상황(리스크/반응)

상황 블록에는 도전할 당시의 상황, 도전 경험에서의 상황을 간단히 적어준다. 이때, 단순히 당시 상황을 묘사하는 것이 아니라 리스크에 대해 써야한다는 것이 중요하다. 리스크가 존재해야 내 경험을 도전 경험으로 부각시킬 수 있다.

하지만 도전 경험이 없다면 어떻게 써야할까? 일반적인 경험에 리스크를 추가해 도전으로 표현하는 방법을 쓴다. 먼저 무언가를 시도해본 경험을 하나 떠올려보자. 사소해도 좋다. 다음 그 경험 속에서 자신이 포기하거나 위험을 감수해야 했던 것이 있는지 생각해보자.

이 두 가지가 모두 갖춰졌다면, 그 경험에 대해 자신이 감수해야 했던 리스크에 초점을 맞춰 내용을 작성하면 된다. 대단한 도전 경험이 없더라도 내가 그 일을 위해 감수한 리스크를 최대한 강조하여 도전 경험처럼 보이게 하는 것이다. 똑같은 A경험이라고 해도 "저는 A경험을 했습니다"보다는 "저는 A라는 경험을 하기 위해 취업을 잠시 유보했습니다"라고 쓰면 도전 경험에 부합하기 때문이다.

살면서 큰 도전을 했던 경험이 없다고 하는 사람이 많다. 하지만 사소한 것이라도 어떤 것을 포기하고 다른 일을 선택한 경험은 분명 존재할 것이다. 그러니 포기하지 말고 그 기억을 살려 도전 경험을 작성해보자.

예시

학교 연극 공연 대회를 준비하면서 연극 연출에 대한 지식이 부족함을 느꼈고, 극단에 참여하여 실전 지식을 배우고자 했습니다. 그러나 극단에서는 경험이 없는 신입을 받아주지 않으려 했고, 주로 새벽에 업무가 진행되어 학기 중이라 수업과 병행해야 하는 저에게는 큰 도전으로 다가왔습니다.

3. 액션(장애물/극복)

액션에는 도전하면서 내가 취했던 행동들을 자세히 적는다. 이때도 과정 중간중간 발생한 장애물과, 그것을 그것을 극복한 내용을 써주면 도전경험이 더 부각될 수 있다.

예시

연극 연출을 배우기 위해 먼저 극단에 들어갔습니다. 처음엔 경험이 없는 저를 받아주지 않았지만 매일 저녁마다 단장님을 찾아가서 설득했고 무급으로 새벽에 무대 청소와 공연장 청소, 소품 정리 및 옮기기 등 궂은일을 자처하며 학업과 병행할 수 있음을 강조했습니다. 이러한 노력으로 극단에 들어갈 수 있었고 매일 연출 기획서를 검사받고 조언을 들으며 제 공연의 완성도를 높이기 위해 노력했습니다. 또한, 학업에 소요할 시간이 부족하여 공강 시간을 활용해 복습을 했고, 이동 시간에 잠을 보충하면서 극단과 학업을 병행하기 위해 노력했습니다.

4. 결과(배운 점)

도전 경험에서 가장 중요한 것은 '배우고 성장한 것이 있느냐'다. 다른 항목과 달리 이 항목에선 액션 블록 뒤에 바로 결과를 넣지 않고 '배우고 성장한 내용'을 넣는다. 도전의 의미는 성공과 실패에 있는 것이 아니라 성장에 있다. 배우고 성장하지 못했다면 경험 자체의 의미가 사라진다. 그러니 배운 점과 나의 성장에 대해 반드시 작성해야 한다.

예시

약 두 달간의 노력 끝에 공연을 완성하였고, 대회에서 은상을 받았습니다. 새벽에 극단에서 연출을 배우면서 오후에 학업을 이어가는 것이 체력적, 정신적으로도 인생에서의 큰 도전이었습니다. 하지만 제가 열정을 가진 분야에 도전하여 최선을 다해 노력한다면 못 이룰 것이 없음을 깨달았고 직무에 대한 자신감도 얻을 수 있었습니다.

5. 포부

마지막 블록은 포부다. 포부도 다른 문항들과 마찬가지로 도전 경험을 통해 얻은 역량을 지원 직무와 회사에 어떻게 기여할 것인가에 대해서 쓴다.

예시

저는 이 도전 경험을 통해 지치지 않는 열정으로 프로그램을 연출하여 성과를 내는 PD가 되겠습니다.

"저는 실패의 경험을 발판삼아
성공을 이뤄냈습니다."

PART 3

실패와 극복 경험

○ 실패와 극복 경험 문항 이해하기

실패와 극복 경험을 쓰기 위해서는 주어진 목표가 크거나 도전 경험이 있어야 한다. 예를 들어보자. "저와 같은 조직 내 다른 사람들은 매출액 100만 원을 목표로 잡았지만 저는 150만 원을 목표로 잡았습니다. 그 목표를 위해 열심히 노력했지만 잘 되지 않았습니다." 이렇게만 되어도 실패 경험으로 사용할 수 있지만, 도전과 큰 목표를 세운 경험에서 그쳐서는 안 된다. 실패 경험을 작성하기 위해서는 '목표를 달성하기 위한 노력'이 필요하다. 열심히 한 노력이 없다면 실패가 아닌 실수로 보일 수 있기 때문이다.

목표는 굳이 크지 않아도 좋다. 자신이 세운 목표를 쓰자. 그리고 장애물을 이용해 열심히 목표를 향해 달려 나갔음을 잊지 말자. 내가 열심히 노력했다는 점을 부각시키고 싶다면 목표달성능력에서처럼 '장애물이 발생했음에도 불구하고 그것을 극복하기 위해 노력했다'는 사실을 드러내야 한다.

실패가 의미 있는 것은 실패를 통한 깨달음이 있기 때문이다. 실패 경험을 쓸 때는 실패에서만 멈추지 말고 그 일을 통해 내가 깨달은 것을 함께 적도록 하자. 실패의 원인을 인지하는 것이 바로 깨달음이다. 만약 실패를 극복한 경험을 쓰라고 한다면, 실패의 원인을 깨닫고 극복한 사례로 간단히 작성할 수 있다. 중요한 것은 실패의 원인이지, 극복한 내용이 아니다. 실패의 과정과 원인을 밝히는 것에 주안점을 두고 작성하자.

실패와 극복 경험 작성하기

도전경험은 경험이 있는 경우와 없는 경우에 따라 쓰는 방법이 다르다. 두 경우 템플릿은 동일하지만 상황 블록에서 쓰는 방법의 차이가 있다.

1 block

역량 / 재정의
○○경험을 통해서 ○○의 가치에 대해서 배운 경험이 있습니다.

2 block

상황 (목표)
○○시절 ○○간 ○○을 목표로 세웠습니다.
(높은 목표 / 도전 목표 모두 가능)

중요!

3 block

액션 (장애물/극복)
○○을 진행하던 중 ○○한 어려움이 발생하였습니다.
(전혀 예상하지 못했거나 매우 큰 어려움 그리고 어려움에 대한
주변의 반응) ○○을 해결하기 위해 ○○노력으로 극복하고자
하였습니다.

중요!

4 block

결과 (배운 점→극복)
결국 ○○을 ○○한 이유로 극복하지 못하고 실패하였습니다.
실패한 이유를 찾아보니 ○○한 이유 때문이었습니다.
이러한 배움을 통해서 또 다른 도전/목표를 세웠습니다. 이후
○○한 도전에 ○○ 실패를 발판삼아 성공/목표를 달성했습니다.

5 block

포부
○○사의 A부분에 ○○직무로서 ○○부분의 ○○어려움을 해결/
성공/완성/기여/구현하겠습니다.

1. 역량/재정의

첫 번째 블록에선 자신의 역량을 쓴다. "저는 OOO 경험을 통해 OOO한 어려움을 극복하고 성과를 이룬 경험이 있습니다."라고 간단히 작성하자. 재정의한 역량을 추가해도 좋다.

예시

저는 제가 응원하는 야구 구단의 상품을 기획하고 판매한 경험을 통해 목표 수량을 달성하지 못한 어려움을 극복하고 30만 원의 수익을 창출한 경험이 있습니다.

2. 상황(목표)

상황 블록에는 주어진 목표나 과업을 적는다. 당시 상황과 그 상황에서 주어진 목표를 1줄에서 2줄 사이로 작성하면 충분하다. 이때 목표는 크게 느껴지는 것을 쓰거나 도전 경험이면 좋다.

예시

제가 응원하던 구단은 팬들의 요구가 있음에도 불구하고 모자와 응원복 등 적은 종류의 기본적인 상품들만 판매했습니다. 이에 저는 제가 직접 팬들이 원하는 상품을 기획하고 판매해야겠다는 목표로 구단 굿즈 쇼핑몰을 운영했습니다.

3. 액션 (장애물/극복)

세 번째 액션 블록에는 주어진 목표를 달성하기 위해 본인이 어떠한 노력을 얼마나 했는지에 대해서 쓴다. 실패하기 않기 위해 안간힘을 쓰며 노력한 내용을 쓰는 것이다. 장애물을 극복한 사례가 좋다.

예시

상품을 기획하기 위해 팬들이 어떤 상품을 원하는지 알고자 했습니다. 그래서 구단 팬카페와 인터넷 커뮤니티, SNS를 활용해 데이터를 수집했습니다. 조사 결과 팬들은 야구 구단의 팬들이지만 선수 개개인을 좋아하는 팬들이 많아 아이돌 그룹을 좋아하듯이 선수를 좋아하는 팬들이 많다는 것을 알게 되었습니다. 이를 바탕으로 아이돌 굿즈의 종류와 어떤 굿즈가 인기 있는지를 파악했습니다. 그리고 그중에서 가장 인기가 많은 얼굴 쿠션과 슬로건을 기획하기로 했습니다. 상품을 기획하고 판매 홍보글을 올렸지만 실제 상품을 구매한 사람의 수는 예상했던 수의 절반도 못 미쳤습니다.

잘될 것만 같았던 굿즈들이 왜 판매가 되지 않았는지 알아보기 위해 팬카페와 인터넷 커뮤니티, SNS에 설문조사 글을 올렸습니다. 또한 아이돌 굿즈를 기획하여 모두 매진을 시키는 분을 직접 찾아가 쇼핑몰의 진단을 부탁을 드렸습니다. 그 결과 저는 팬들이 원하는 것이 아이돌 굿즈와 같이 얼굴이 들어가면 된다라고 생각했지만 더 중요한 것은 실용성과 가격이었습니다. 얼굴 쿠션과 슬로건은 실용성이 떨어지고 원가가 비싸 판매가격이 높았습니다.

4. 결과 (배운 점 → 극복)

결과에는 '실패를 통해 또 다른 도전을 시도한 것'이나 '새로운 목표를 세우고 어려움을 극복한 경험'을 활용한다. 실패와 극복 경험에선 실패의 원인이 중요하다. 실패의 원인을 파악하고 확인한 내용을 써주어야 한다.

흔히 실패와 극복 경험이라고 하면, 실패하는 과정보다 그것을 극복한 경험을 중요하게 생각한다. 하지만 오히려 실패하는 과정과 그 과정에서 본인에게 노력한 것이 중요하다. 실패의 과정과 노력은 액션 블록에서 자세히 작성하고, 실패를 통해 다른 것을 극복한 내용은 결과 블록에 간단하게 채워 넣는다.

예시

실패의 원인을 분석한 결과 고객들의 니즈를 단순히 보여지는 면만 바라보았기 때문에 발생한 문제라는 생각이 들었습니다. 생산해 놓은 상품들이 판매되지 않아 인해 쇼핑몰은 결국 폐점을 하게 되었습니다.

하지만 실패의 분석을 통해 얻은 고객들의 통찰로 다섯 달 후 재오픈을 하였고 그 결과 제가 기획한 상품들은 제가 예상했던 판매치를 훨씬 넘어 2차 판매를 진행하여 30만 원의 수익을 낼 수 있었습니다. 또한 이 경험을 통해 깨달은 것을 바탕으로 KFC 신메뉴 공모전에 도전해 우수상을 수상할 수 있었습니다.

5. 포부

마지막 포부 블록은 동일하다. 본인이 가진 역량은 직무를 수행하며 어떻게 발휘할 것인지에 대해 작성한다.

예시

이 경험을 통해 얻은 고객에 대한 이해를 바탕으로 마케팅 직무를 수행하며 사람들의 관심을 끌고 요구를 충족시킬 수 있는 콘텐츠를 기획하겠습니다.

6

논리적 사고력

논리적 사고력 문항의 이해

문제해결능력

"저는 논리적 사고를 발휘해 문제의 원인을 파악하고
해결할 수 있는 사람입니다."

논리적 사고력 문항의 이해

○ 논리적 사고력 문항 이해하기

논리적 사고력은 지원자들이 생소한 문제를 논리적으로 해결할 수 있는지를 파악하기 위해 묻는 문항이다. 실제 비즈니스 현장에서는 예상하지 못한 문제들이 빈번하게 발생하기 때문이다. 그런 상황에서도 논리적 사고력을 발휘해 문제를 해결할 수 있는 사람을 찾기 위해 자소서 뿐 아니라 채용 전반에 걸쳐 논리적 사고력을 확인하고 있다.

논리적 사고력은 주로 PT면접이나 인적성 검사 등을 활용해 파악한다. 문제해결력, 분석력, 전략적 사고력, 창의력, 아이디어, 혁신 및 개선 사례 등 다양한 문항이 이에 속한다. 이 중 분석력이나 전략적 사고, 창의력 같은 항목은 언뜻 서로 관계가 없어 보일 수도 있다. 하지만 사실 모두 한 가지 방법으로 작성 가능하다.

왜 그럴까? 그리고 논리적 사고력은 어떻게 작성해야 할까? 역량의 정의를 통해 알아보자.

○ 논리적 사고력의 핵심 개념

문제 해결력은 다른 역량들과 표현 방법만 다를 뿐, 작성 방법은 모두 동일하다. 때문에 자소서 안에서는 모두 하나의 역량으로 이해해도 된다. 그 이유는 무엇일까?

먼저 분석력은 '주어진 데이터 속에서 숨겨진 인사이트를 찾는 것'이라 볼 수 있다. 전략적 사고는 '주어진 정보 속에서 가장 최적의 길을 찾는 것'이다. 즉, 분석력과 전략은 항상 붙어있다. 결국 데이터 속에서 길을 찾는 것이 분석이라면, 그중 가장 빠른 길을 찾게 하는 것이 전략이다.

창의력은 '새로운 것을 생각해 내는 힘'이다. '유레카!'를 외치며 갑자기 떠오른 기막힌 아이디어와 같다. 하지만 이 때문에 발생하는 문제가 있다. 아이디어는 왜 떠올랐는지 그 출처도 알 수 없고, 근거도 확인할 수 없다. 즉, 결과만으로 평가를 받아야 한다. 때문에 아쉽게도 창의력은 자소서에 작성할 수가 없다. 그럼에도 불구하고 창의력을 묻는 경우가 있다. 이럴 때는 분석과 전략을 통한 근거 있는 문제 해결로 작성하면 된다.

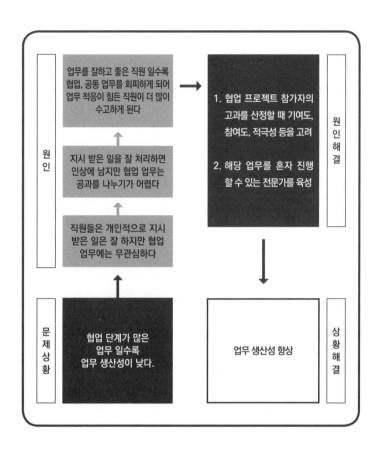

그렇다면 논리적 사고력의 핵심 개념은 무엇일까? '문제 상황의 뿌리가 되는 원인을 찾아 해결하는 것'이다. 아래 두 가지 예시를 비교하며 차이점을 살펴보고, 어떻게 써야 잘 쓴 논리적 사고력 문항이 될 수 있을지 생각해보자.

먼저 잘못된 논리적 사고력의 예시다.

"카페 아르바이트를 할 당시 매출이 떨어졌습니다.
그래서 매출을 올리기 위해 수박 주스를 만들었습니다.
그 결과 매출이 상승했습니다."

이 예시는 왜 잘못되었을까? 문제를 해결하는 방법을 떠올릴 때까지의 사고 과정이 드러나 있지 않기 때문이다. 이 자소서를 읽는 사람의 입장에서 본다면 수박 주스는 갑자기 튀어나온 것이다. 왜 커피가 아니라 수박 주스였으며, 다른 대안은 없었는지에 대한 것은 전혀 알 수가 없다. 수박 주스가 아무리 매출을 상승시켜 문제를 해결해주었다 하더라도 원인을 파악하고 문제를 해결하는 과정이 생략되어 있으면 논리적 사고력에서 좋은 평가를 받을 수 없다.

다음은 잘 쓴 예시다.

"카페 아르바이트를 할 당시 급격하게 매출이 떨어졌습니다. 원인을 찾기 위해 주변 상권을 돌아다녀 보았고 그 결과 저희 카페와 비슷한 카페 2곳이 새로 생긴 것을 알게 되었습니다. 저는 다른 카페들과의 차별성이 없어 저희 카페의 매출이 하락한 것으로 생각했습니다. 그래서 이러한 원인을 해결하기 위해 단골손님에게 우리 카페에서 제일 좋은 점이 무엇인지 질문했습니다. 저희 카페는 커피보다는 생과일주스가 맛있다는 답변을 들었습니다. 그 후 생과일주스 전문점으로 콘셉트를 바꾸고 생과일주스의 메뉴를 더 늘렸습니다. 그 결과

커피 부분에서는 매출이 하락했지만, 생과일주스 매출이 올라 기존 매출을 유지할 수 있었습니다."

　잘못된 예시와 비교했을 때 차이점이 무엇일까? 우선 원인을 찾고, 해결 방안을 생각하는 과정이 더 상세하다는 것이다. 앞선 예시에서는 매출이 하락한 문제를 해결하기 위해 왜 수박 주스를 활용했는지 알 수 없었다. 반면 잘 쓴 예시는 매출이 하락한 원인, 그 원인을 해결하기 위해 정보를 수집하고 활용한 과정이 상세히 담겨있어 읽는 이도 문제 해결 과정을 충분히 이해할 수 있게 한다.

　두 번째 차이점은 문제의 원인을 한 번 더 생각하고 찾아낸 내용이 존재한다는 점이다. 사람들은 원인을 찾을 때 흔히 보이는 것에만 집중한다. 두 번째 예시도 원인을 보이는 것에서만 찾았다면, '새로운 카페 2곳이 생긴 것'에 멈췄을 것이다. 하지만 거기서 그치지 않고 한 번 더 사고해 '다른 카페와의 차별성이 없다는 것'이 문제의 원인이었음을 파악할 수 있었다. 원인을 파악하는 단계에서부터 핵심을 잡지 못한다면, 결코 문제해결력을 능숙하게 활용할 수 없다.

○ 인사담당자의 관점

그렇다면 인사담당자는 논리적 사고력을 통해 무엇을 보려고 할까? 바로 문제가 발생했을 때 해결해가는 사고 과정이다. 쉽게 말해 업무를 수행할 때 발생한 문제를 논리적으로 해결할 수 있는 지원자를 찾고자 하는 것이다.

- ☑ 문제를 정확하게 진단할 수 있는가?
- ☑ 문제의 원인을 정확히 파악할 수 있는가?
- ☑ 원인을 파악하는 과정에서 논리적으로 사고하는가?
- ☑ 원인을 해결할 수 있는 근거 있는 해결 방안을 생각하는가?
- ☑ 문제를 해결하여 가시적인 결과를 만들었나?

논리적 사고력엔 다양한 문항이 존재하지만, 문제해결력을 작성하는 방법 하나만 알아도 모든 문항을 아우를 수 있다. 논리적 사고력에 해당되는 역량들과 문제해결력 작성 방법을 알아보자.

역량 정의

문제해결력이란?

익숙하지 않은 문제에 직면해도 당황하지 않고, 논리적으로 문제 해결의 실마리를 찾아내며, 객관적인 자료를 근거로 문제의 원인을 정확히 파악할 수 있고, 문제의 핵심에 빠르고 정확히 접근하는 역량이다.

---

1. 객관적 자료를 토대로 문제의 원인과 결과를 논리적으로 파악한 경험
2. 문제의 핵심을 빠르게 파악하고 신속하게 대응한 경험
3. 문제해결을 위한 다양한 대안들을 만들고 그 현실성을 검토하여 성과 낸 경험
4. 최적의 문제해결 방안이 무엇인지 신속, 정확하게 판단한 경험

분석력이란?

주어진 상황/과제/문제를 체계적으로 분해하여 분석하고, 논리적으로 상황, 데이터 속에서 인사이트를 찾아 과제, 문제의 의미와 원인, 상호 연관성 등을 파악하는 역량이다.

---

1. 과거 사실, 통계 자료에 대하여 깊이 있게 분석하여 성과 낸 경험
2. 각종 대안의 장단점을 체계적이고 종합적으로 파악하여 성과 낸 경험
3. 경제 지표를 주시하고 향후 트렌드가 어떻게 변화할 지 예측하여 성과 낸 경험

역량 정의

전략적사고력이란?

문제 해결과 목표 달성을 위해 내/외부적, 중장기적 요인을 고려하고, 체계적이고 조직화한 실행 방안을 기획하며 효율적으로 자원을 배치하는 역량으로 주어진 정보 속에서 최선의 길을 찾는 역량이다.

----

1. 주어진 업무를 난이도, 시급성, 중요도 등의 여러 기준을 활용하여 체계적으로 분석, 비교한 경험
2. 업무 처리절차에 관한 갈등 발생시 전략적으로 우선시되는 사항들을 먼저 찾아내어 처리한 경험
3. 프로젝트 진행시 잠재적 문제점이나 상황 변화를 고려하여 미리 대응방안을 수립한 경험

창의력, 아이디어란?

다양하고 독창적인 아이디어를 발상, 제안하고 이를 적용 가능한 아이디어로 발전시켜 나가고 개념적 추리를 통해 기존 지식을 응용하거나 새로운 지식을 만들어 낼 수 있는 역량이다.

----

1. 서로 무관하거나 상반된 기존의 개념 틀을 연결하여 새로운 개념을 만들어 낸 경험
2. 다양한 각도에서 여러가지 새로운 방법을 생각해 낸 경험
3. 새로운 아이디어나 절차를 실제로 적용하고 업무에 반영하려 노력한 경험
4. 다른 사람이 보기 힘든 연계나 패턴을 찾아낸 경험
5. 실패할 위험성이 있더라도 새로운 방식으로 접근하거나 시도하여 성과 낸 경험

"저는 우연에 기대지 않고 논리적으로
문제를 해결합니다."

문제해결력이 잘 드러나도록 작성하기

1
block

역량/재정의
문제해결을 위한 시작은 ○○을 확인/조사/검증하는 것부터 시작됩니다.
○○에서 일하며 ○○한 문제를 ○○로 해결한 경험이 있습니다.

2
block

상황 (문제 상황)
○○시절 ○○간 ○○을 목표로 세웠습니다.
(○○을 포기해야 했지만 ○○을 달성/해결/완성하려 했습니다.)

3
block

액션 ① (원인 확인)
○○을 진행하던 중 ○○한 어려움이 발생하였습니다.
(전혀 예상하지 못했거나 매우 큰 어려움 그리고 어려움에 대한
주변의 반응) ○○을 해결하기 위해 ○○노력으로 극복했습니다.

4
block

액션 ② (원인 해결)
○○을 해결하기 위해(○○, ○○을 실행해야 했습니다.
비용과 효과성을 분석하여 우선순위를 정해 실행하였습니다.)
고객들을 만나 인터뷰 해보니 ○○에 ○○한 이유로 만족을 보였
습니다.

중요!
5
block

결과 (상황 해결)
○○한 문제를 ○○한 방법으로 해결하여 ○○결과를 만들 수 있었습니다.

6
block

포부
○○사의 A부분에 ○○직무로서 ○○부분의 ○○어려움을 해결/
성공/완성/기여/구현하겠습니다.

문제해결
능력

1. 역량/재정의

역량은 간단하다. "○○○한 방법/경험을 통해서 ○○○한 문제를 해결한 경험이 있습니다."라고 써주면 된다. 재정의에는 자신이 생각하는 문제해결력에 대해 쓴다. 스스로 문제를 해결한 방법을 한 줄로 요약해 작성하는 것도 좋은 방법이다.

예시

□□□ 매장 매니저로 일할 때, 겉으로 드러나는 문제가 아닌 근본적인 원인을 찾아 해결하여 매출을 20퍼센트 상승시킨 경험이 있습니다.

2. 상황 (문제 상황)

문제해결력에서 가장 중요한 것은 '명확한 문제'다. '명확한 문제'라는 목표가 있어야만 문제를 해결하고 결말까지 도달할 수 있다. 하지만 의외로 많은 지원자들이 이 사실을 놓칠 때가 많다.

예를 들어보자. 팀 프로젝트를 하는데 조원들끼리 친해지지 못해 어색한 상황이다. 많은 사람들이 이 상황에서의 문제를 '조원들 사이의 어색함'이라고 생각하기 쉽다. 사실 진짜 문제는 어색함 자체가 아니라, '어색함으로 인해 발생하는 행동'이다. 어색함 때문에 서로 의견을 주고받지 못해 프로젝트 진척이 더뎌진 것, 제대로 된 피드백이 없어 프로젝트 결과물의 질을 개선하지 못한 것을 의미한다.

우리는 이처럼 처해있는 상황 자체를 문제라고 인식할 때가 많다. 처해있는 상황이 진짜 문제인지, 아니면 명확한 문제가 따로 존재하는지를 충분히 파악한 후에 쓸 수 있도록 하자.

예시

> 매달 월별 매출액을 비교하는 과정에서 1분기 대비 15퍼센트 매출이 하락했다는 것을 확인하였습니다. 이후 제품들의 폐기율을 확인한 결과 우리 매장의 스테디셀러들의 폐기율이 높아지고 있는 것을 알 수 있었습니다.

3. 액션 ① (원인 확인)

세 번째 블록에선 원인을 찾기 위한 과정에 대해 쓴다. 문제해결력의 핵심은 원인을 파악하는 것이다. 문제해결력이라고 하면 대부분의 사람들이 문제를 해결한 결과에만 집중한다. 그 문제의 원인을 찾아 해결하는 과정은 짧고, 해결한 결과가 어땠는지에 대해서만 너무 길게 적는 것이다.

우리는 결과가 아닌 원인을 찾는 것에 집중해야 한다. 문제해결력은 '문제를 해결하는 과정에서 지원자가 논리적으로 사고할 수 있는지, 없는지'에 대해 판단하는 문항이다. 때문에 우리는 문제 원인을 파악하는 과정을 통해 우리의 논리적 사고력을 부각시켜야 한다.

그렇다고 원인을 찾는 방법이 꼭 거창하고 대단한 것일 필요는 없다. 물론 원인 자체가 평범하지 않고, 원인을 찾는 과정이 남들이 봐도 인정할만큼 험난하다면 더욱 좋기는 하다. 그러나 원인이 평범하고, 탐색 과정이 간단하다고 해서 문제해결력에 쓸 수 없는 건 아니다. 이 블록에 내용을 하나 더 추가하면 해결할 수 있다. 바로 원인을 찾는 과정에서 '가설을 수립하고 검증한 내용'을 추가하는 것이다.

카페 매출이 하락한 상황을 예로 들어보자.

"가게의 매출이 하락한 원인이 새로운 경쟁 카페가 생긴 탓으로 생각했습니다. 그래서 저는 주변 상권을 둘러보았습니다. 그 결과 실제로 주변에 새로운 카페가 생긴 것을 확인할 수 있었습니다."

방법은 또 있다. 원인에 대한 가설을 '경쟁사 등장, 품질 문제'로 설정한 후 "그것을 확인하기 위해 상권을 돌아다니며 손님들에게 질문을 했다고 쓰는 것이다.

이처럼 문제의 원인이 거창하지 않더라도 가설을 수립하고 검증한 내용을 통해 본인의 노력을 부각 시킬 수 있다. 문제해결력은 논리적 사고력을 평가하는 문항이다. 가설 수립은 언제나 좋은 평가를 받을 수밖에 없음을 잊지 말자.

예시

이에 처음에는 매장 방문률이 낮다고 생각하여 홍보 전단을 돌려 해결하고자 하였습니다. 그런데 전혀 매출의 변화가 보이지 않았습니다. 저는 제대로 된 문제의 원인을 확인하기 위해 매장 방문 고객층이 변화했다는 가설을 세우고, 고객들에게 매장 주변에 거주를 하시는지, 집이 아닌 다른 곳에서 오시는 것인지 질문을 했습니다.

　또한 주변 상권을 돌아보며 분석한 결과 2달 전 완공된 건물에 상점들이 많이 들어서고 큰 학원이 매장 주변으로 이전하여 유동인구가 많아져 고객의 니즈가 바뀌었다는 것을 알게 되었습니다. 그에 따라 고객들이 선호하는 제품 역시 바뀌었다는 것을 확인할 수 있었습니다.

4. 액션 ② (원인 해결)

　원인을 찾았으니 이제는 해결해야 한다. 문제를 해결하면서 가장 중요한 것은 해결 방법에 대한 근거다. 우리가 아플 때 병원에 가는 이유가 뭘까? '병원에 가서 주사를 맞고 약을 먹으면 병이 낫는다'는 근거가 있기 때문이다. 이런 것을 흔히 경험적 근거라고 한다. 문제를 해결할 때도 전략적인 근거들을 만들어야 한다. 인터뷰도, 설문도 좋다. 댓글을 분석해도 된다. 나의 전략을 실행으로 옮기기 위한 근거를 마련해 보자.

　이 블록에서는 명확한 근거가 있는 전략으로 문제의 원인을 해결하는 액션에 대해 작성한다. 늘 그랬듯 액션 부분은 상세하게 쓴다. 그렇다면 전략은 어떻게 써야할까?

　문제마다 해결할 수 있는 방법은 다양하다. 그중 최적의 길을 찾는 것이 바로 전략이라고 앞서 언급한 바 있다. 만약 작성된 문항에 여유가 있다면, 해결할 수 있는 전략을 여러 개 나열한 후에 우선순위에 의해 전략을 실행하는 내용을 담아보자. 나의 논리적인 사고력이 더욱 돋보일 것이다.

예시

당시, □□□ 매장은 상권 내의 4개의 매장을 보유하고 있었습니다. 그래서 저는 해당 매장의 매니저들에게 연락해 매장의 품목별 매출 순위표를 받았습니다. 매출 순위표를 살펴본 결과 저희 매장에는 없는 메뉴들이 많다는 것을 알게 되었습니다. 저희 매장은 주로 먹는 데 시간이 오래 걸리고 이동하면서 먹기 힘든 제품들을 주로 판매했으나 다른 매장들은 먹기 간편한 제품들을 주로 판매했습니다. 타 매장의 매출 순위표를 분석하여 이동하면서 먹기 편리하고 빠르게 먹을 수 있는 제품이 다른 상품들에 비해 25퍼센트 정도 매출이 높은 것을 발견했습니다. 그리하여 본사와의 미팅을 통해 저희 매장에도 먹기 간편한 제품을 생산할 수 있도록 했습니다.

5. 결과 (상황 해결)

다섯 번째는 결과를 쓰는 블록이다. "OOO한 방법을 통해 문제를 해결하여 OOO한 결과를 얻었습니다."라고 간단히 쓴다. 이때 조금 더 명확하게 표현하거나 수치를 활용한다면 더 효과적이다.

예시

그 결과 폐기율이 높았던 제품들은 먹기 간편한 제품들로 교체되었으며, 제가 담당했던 매장의 매출이 20퍼센트 상승했습니다.

6. 포부

끝으로 포부를 쓴다. 내가 가진 문제해결력을 통해 직무를 수행하며 발생하는 문제들을 해결해나가겠다는 포부를 보여주면 된다.

예시

□□□의 영업관리사원으로 일하며 매장을 관리할 때 매출하락의 원인이 되는 다양한 문제들이 발생할 수 있습니다. 그때 저의 문제해결력을 발휘하여 문제를 해결하고 매출상승에 기여하도록 하겠습니다.

성과지향성 POINT

1. 목표달성능력을 강조하라.

  - 목표 달성 과정 중에 넘어선 장애물을 강조
  - 장애물은 크고 많을수록 좋다.
  - 목표가 낮을 경우 예상치 못한 장애물 하나를 배치

2. 도전경험을 강조한다.

  - 경험의 경중에 상관없이 목표달성을 위해 감당해야 했던
    리스크를 부각해 작성
  - 성공과 실패를 떠나서 배우고 성장한 부분을 강조해 작성

3. 실패 경험과 원인을 파악해 극복한 경험을 기술한다.

논리적 사고력 POINT

1. 문제를 해결한 경험을 정리해서 쓰라.

  - 문제를 정확하게 진단해서 기술
  - 문제의 원인이 무엇인지 분석
  - 논리적으로 원인을 파악해서 제시
  - 근거 있는 해결 방안을 제시
  - 문제를 해결을 통한 가시적 결과 제시

2. 명확한 문제를 제시해 해결 능력을 강조한다.

7

조직 경험

"저는 팀으로 함께 일해서 성과를 낸
경험을 가졌습니다."

조직 경험
드러내기

○ 조직 경험 문항 이해하기

조직 경험 문항에서는 본인이 조직 안에서 무엇을 했는지에 대해 질문을 던진다. 조직이라는 것은 내가 아닌 다른 사람들과 지켜야 하는 규정을 만들고, 함께 활동하는 곳이다. 나에게만 일방적으로 맞춰져 있는 조직이란 존재하지 않는다. 때문에 조직에서 한 일은 모두 희생으로 귀결될 수밖에 없다. 정도의 차이만 있을 뿐, 모두의 희생이 모여 만들어지는 것이 조직이다. 그래서 조직 관련 문항에서는 '희생'이 빠지지 않는다. 팀워크도 내가 다른 사람에게 영향을 주기 위한, 일종의 희생으로 볼 수 있다.

조직 경험 문항에는 주로 리더십, 주도성, 적극성, 팀워크, 협업, 책임감이 해당된다. 이 중에서도 가장 기본이 되는 문항은 리더십이다. 지금부터 리더십부터 주도성, 적극성, 팀워크, 책임감 등 조직 경험 문항을 쓰는 방법에 대해 알아보자.

○ 인사담당자의 관점

인사담당자는 조직 경험을 통해 나의 이익, 편의를 보류하고 타인 또는 조직에 헌신할 수 있는지를 판단한다. 즉, 조직의 성과와 목표를 위해 자신을 희생하고 타 조직원들에게 영향을 주어 성과를 이끌 수 있는 지원자를 찾고자 하는 것이다.

> ✓ 조직이 목표를 달성하기 위해 희생한 적이 있는가?
>
> ✓ 타인에게 적극적 영향력을 준 경험이 있는가?
>
> ✓ 팀, 조직에서의 목표 달성에 있어 무엇이 중요한지를 인지하고 실행으로 옮긴 경험이 있는가?

조직 경험 문항에서는 리더십, 주도성, 적극성, 팀워크, 협업, 책임감 등에 대해 질문한다. 조직 경험에 포함되는 역량은 무엇인지 알아보고 작성 요령을 익혀보자.

역량 정의

리더십이란?

팀원 각자에게 조직이나 팀의 공통된 비전과 목표를 명확하게 제시하고, 업무 지시와 동기부여를 통해 팀원들을 효과적으로 이끌고 자극하여 업무 목표달성을 촉진하는 역량이다.

----

1. 어려운 환경에서도 팀원들에게 동기부여하여 문제를 해결하고 목표를 달성한 경험
2. 팀원의 의견을 적극적으로 검토하고, 이를 효과적으로 활용하여 의사결정한 경험
3. 업무수행의 과정과 품질을 지속적으로 점검하고 부족한 부분을 효과적으로 지원해준 경험

주도성(적극성)이란?

자발적으로 업무와 관련되는 미래를 예측하여 조치를 취하고 적극적으로 일을 실행하려는 역량이다. 또한 개인의 범위를 넘어 적극적으로 일에 참여하고 주도하는 것도 이에 해당한다.

----

1. 맡겨진 역할과 요구받은 것 이상의 일을 실행한 경험
2. 주변의 다양한 환경 변화에도 영향을 받지 않고 본인의 계획한 바를 이룬 경험
3. 주어진 과업 또는 일 외에 스스로 목표를 세우고 목표달성을 위해 노력한 경험
4. 예측되는 상황을 미리 대응하고 대비한 경험

팀워크란?

조직의 목표 달성을 위해 팀원들 간의 협조를 끌어내는 역량이다. 또한 업무와 관계된 다양한 정보를 팀원과 공유하려고 노력하며, 어려움에 부닥친 동료를 적극적으로 나서 도와주고자 하는 역량이다.

----

1. 업무 수행에 도움이 되는 정보를 팀원이나 타 부서 사람들과 적극 공유한 경험
2. 팀 분위기를 잘 조장해서 팀원들의 목표 달성을 위해 동기부여한 경험
3. 동료들이 도움을 필요로 할 때나 도움을 요청하기 전에 먼저 동료들에게 도움을 준 경험
4. 팀의 최종 결정사항이 자신의 입장을 충분히 반영하지 않을지라도 그 결정에 따른 경험

"저는 리더가 아닌 상황에서도 목표를 향해
팀을 이끌었습니다."

PART 1

리더십

먼저 생각해보자. 리더십을 발휘했던 경험이 있는가? 아마 '없다' 고 대답한 사람이 적지 않을 것이다. 우리는 리더십이라고 하면 자신이 리더였던 경험만을 한정적으로 떠올릴 때가 많다. 그 생각은 이제 버리도록 하자. 리더십의 핵심은 리더가 아니다. 굳이 리더라 는 위치가 아니어도 조직이 목표를 달성할 때 내가 영향력을 발휘한 경험이 있다면 얼마든지 활용할 수 있다.

리더십에서는 팀 프로젝트도 훌륭한 경험이 된다. 개인적인 일로 힘들어하는 팀원이 있어 고민을 들어주고 격려를 했던 것도 리더십 을 발휘한 경험이다. 팀원들을 효과적으로 이끌고 자극하여 업무 목표를 달성하면 모두 리더십에 해당한다. 그러니 리더로서 조직을 목표로 이끌 때 활용 가능한 자원이 무엇이 있었는지, 목표를 달성 하기 위해 조직에 필요한 것이 무엇인지 고민하여 실행했던 경험을 기억하고 작성해보자.

리더십을 발휘한 경험 자소서로 작성하기

– 실패와 극복 경험을 중심으로

1 block

역량 / 재정의

○○경험으로 함께 목표를 달성하는 방법에 대해 배울 수 있었습니다. 사람을 이끌 때 가장 중요한 것은 ○○이라고 생각합니다.

2 block

상황 (목표)

○○의 목표는 ○○을 달성하는 것이었습니다.
그런데 ○○한 문제가 발생하였습니다.

중요!

3 block

액션 (조직에 준 영향력)

○○의 문제를 해결하기 위해서는 ○○가 필요하다고 생각했습니다. 하지만 ○○을 위해서는 ○○의 희생과 ○○이 필요했는데 단순히 ○○을 하는 것은 조직에 있어서 ○○한 결과를 만드는 것이라고 생각했습니다. 결국 팀원들의 ○○을 만들기 위해 ○○을 하기로 하였습니다. 또한 ○○을 통해 팀원들을 ○○할 수 있도록 하였습니다. 이러한 노력은 조직의 ○○한 변화를 가져왔습니다.

중요!

4 block

결과

계획했던 ○○의 목표를 함께 달성했습니다.

5 block

포부

○○사의 A부분에 ○○직무로서 ○○부분의 ○○어려움을 해결/성공/완성/기여/구현하겠습니다.

1. 역량 / 재정의

먼저 역량을 쓴다. "저는 리더십을 발휘해서 조직의 목표 달성에 기여한 경험이 있습니다." 혹은 "저는 리더십을 발휘해 OOO한 경험이 있습니다."라고 역량과 경험을 요약하여 작성한다.

이어서 자신이 생각하는 리더십이 무엇인지를 쓰고 재정의한다. 재정의는 액션 부분에서 나올 내용을 한 문장으로 요약하는 것과 같다. 만약 수행력이 부족한 팀원에게 도움을 준 경험을 쓴다고 가정 해보자. 이때 재정의에서는 "제가 생각하는 리더십이란 팀원의 부족한 부분을 채워주는 것입니다."라고 쓸 수 있다.

예시

제가 생각하는 좋은 리더십은 뒤처지는 팀원을 챙겨주며 공동의 목표를 달성할 수 있도록 이끌어주는 것이라고 생각합니다. 팀 프로젝트를 진행하며 전공지식이 부족해 자신감이 없던 팀원을 도와주며 최우수상을 받은 경험이 있습니다.

2. 상황 (목표)

상황 블록에서는 반드시 조직의 목표나 문제가 포함되어야 한다. 예를 들자면 이와 같다.

"우리 조직은 OOO 목표를 향해 달려가고 있었습니다. 그런데 그 과정에서 OOO 문제가 발생했습니다."

조직의 목표와 문제없이 리더십은 성립할 수 없다. 목표를 향해 팀원들을 끌고 가는 역량이기 때문이다. 그러나 목표가 존재한다고 해서 모든 경험을 리더십으로 사용할 수 있는 것도 아니다. 리더십

도 목표달성능력처럼 성과가 있어야 하며, 목표를 달성하지 않으면
활용할 수 없다. 리더십은 목표를 달성했을 때 주어지는 포상과 같기
때문이다.

예시

> 팀 프로젝트를 진행하며 3등 안에 들어 최소 우수상을 받자는 목표를 세웠습니다. 프로젝트를 진행 중 팀원 한 명이 역할분담을 할 때도 소극적인 태도를 보이며 아무 역할도 맡지 않으려 하고 맡은 역할도 잘 해오지 않았습니다. 이에 다른 팀원들은 팀 프로젝트에서 그 팀원을 배제하자고 했습니다. 하지만 한 명의 이탈자는 결국 다른 이탈자를 만들 것이라 생각하였고 그 팀원과 대화로 참여를 이끌고자 하였습니다.

3. 액션 (조직에 준 영향력)

세 번째 블록인 액션에는 목표를 향해가는 과정에서 발생한 문제
와 그를 해결한 내용을 쓴다. 단, 여기서 단순히 문제를 해결하는
방법만 나열하는 것은 지양해야 한다. 가령 이탈한 팀원을 돌아오게
하기 위해 설득한 경험이 있다고 하자. 이는 단순히 남을 도운 경험
이기 때문에 리더십이 아닌 팀워크에 해당한다.

그렇다면 리더십을 돋보이도록 쓰기 위해서는 어떻게 해야 할까?
간단하다. 팀원이 꼭 필요한 상황임을 추가하면 된다. 부족한 팀원
을 도와주는 것에서 그치지 않고 목표를 달성하기 위해 그 팀원이
꼭 필요했으며 때문에 그 팀원을 도왔다는 관점이 들어가야 한다.
리더십에는 목표 관점이 존재해야 한다는 것을 잊지 말자. 솔선수범
하고, 남을 챙겨준 사례를 쓰는 것은 리더십을 잘못 이해한 것이다.

조직원들을 활용해서 목표를 달성할 수 있도록 고민하는 것이 리더이기 때문에 조직원들이 목표를 달성하도록 내가 영향을 발휘한 부분이 바로 리더십이다. 이처럼 눈앞에 닥친 과제라는 나무를 보는 것이 아니라 목표라는 숲을 보는 능력이 리더십의 핵심이다. 영향을 준 대상은 굳이 조직에 한정할 필요가 없다. 조직원 등 '사람에게 준 영향력'을 떠올려보면 더욱 쉬울 것이다.

예시

대화를 해보니 그 팀원은 직전 학기에 전과를 하여 전공에 대한 지식이 부족했습니다. 그래서 지난 학기에 진행된 팀 프로젝트에서도 제대로 역할 수행을 하지 못하여 자신감이 많이 떨어진 상태였습니다.

이후 팀 프로젝트 회의를 하기 몇 시간 전에 따로 만나 프로젝트에 필요한 전공지식을 가르쳐 주었습니다. 그렇게 그 팀원이 전공지식을 쌓아가는 동안 그 팀원이 할 수 있는 일이 무엇일까 생각했습니다. 그리고 쉬운 역할부터 맡을 수 있도록 하여 하나씩 성취해 나갈 수 있도록 했습니다.

이에 팀원은 맡은 역할을 잘 수행해 나가며 조금씩 자신감을 가지게 되었습니다. 덕분에 팀 회의시간에도 적극적으로 의견을 내고 역학분담을 할 때도 본인이 자처하는 모습을 보였습니다. 이렇게 바뀐 팀원의 모습을 보고 다른 팀원들도 호의적인 태도로 변화했습니다.

4. 결과

네 번째 블록에는 결과를 채워 넣는다. 리더십은 성과가 있어야 쓸 수 있다. 때문에 결과에도 달성한 목표와 성과에 대해 써야 한다. "자신의 리더십을 통해 OOO한 결과를 얻을 수 있었다"고 정리한다.

이전과는 다른 좋은 팀 분위기 속에서 결속력을 다지고 팀의 사기를 끌어올릴 수 있었으며, 최우수상이라는 결과를 얻었습니다.

5. 포부

마지막으로 포부를 쓴다. 이 회사에 입사해 직무를 수행하며 나의 리더십을 발휘해 어떠한 문제를 해결하거나 어떠한 부분에 기여하고 싶다는 식으로 마무리한다.

 예시

OO직무를 수행하며 공동의 목표를 향해 갈 때 뒤처지는 팀원이 발생할 수 있습니다. 이때 제가 가진 리더십을 발휘하여 뒤처지는 사람을 도와주고 이끌며 공동의 목표를 달성할 수 있도록 하겠습니다.

"저는 누가 시키지 않아도
자신의 일을 찾아서 진행합니다."

PART 2

주도성과 적극성

주도성이 뭘까? '외부의 영향을 받지 않고 본인이 주체가 되어 이끌어나가는 것'이다. 우리가 지금껏 겪은 환경 대부분은 주체가 되기에는 부족함이 많았다. 누군가 시킨 일을 열심히 하면 충분했기 때문이다. 어쩌면 그 때문에 우리는 면접에서 입버릇처럼 이렇게 말하는 것은 아닐까?

"주어진 일은 누구보다 열심히 최선을 다해서

잘하겠습니다."

기업에서는 결코 주어진 일만 잘하는 인재를 선호하지 않는다. 주어진 일만 열심히 한다면 혁신은 꿈도 꿀 수 없다. 계속해서 변화해야 하는 시대다. 기업 입장에서는 주어진 역할을 넘어 더 큰 변화를 이끌어 내는 인재를 선호할 수밖에 없는 것이다.

주도성과 적극성 문항에서는 주어진 역할을 뛰어넘어야 한다.

내 역할의 범위를 넘어 내가 시도했던 일이라면 무엇이든 좋다. 아르바이트를 하면서 근무 시간이 끝나고 매출 상승을 위해 고객을 조사한 경험, 인턴 생활을 하면서 비효율적인 업무에 대해 건의한 경험도 좋다. 회사는 주어진 일을 잘 해내는 인재를 원한다. 하지만 주어진 일을 주도적으로 개선하는 인재를 더욱 선호한다.

주도성과 적극성 경험 작성하기

1 block

역량 / 재정의
○○직무를 수행하며 ○○한 일들이 많은데 자신의 스스로 해결 과제를 찾는 주도성이 가장 중요하다고 생각합니다. ○○간 ○○한 문제를 ○○주도성을 발휘해 해결한 경험이 있습니다.

2 block

상황 (문제)
○○을 목표로 ○○에서 일할 때였습니다. ○○한 문제가 발생했습니다.

 중요!

3 block

상황 (범위와 한계)
해결하고자 했으나 ○○으로서는 ○○이유로 ○○이 불가능했습니다.

 중요!

4 block

액션 (조직에 준 영향력)
○○이라는 이유를 문제를 그냥 넘어간다면 ○○한 더 큰 문제가 발생할 것이라 생각이 들었습니다. 문제를 해결하기 위해서는 ○○의 도움이 필요했고, 또한 ○○이 예상되었습니다. ○○을 만나 도움을 구하며 ○○한 방법으로 문제를 해결할 수 있었습니다.

중요!

5 block

결과
○○을 통해 ○○의 문제를 해결할 수 있었습니다.

6 block

포부
○○사의 A부분에 ○○직무로서 ○○부분의 ○○어려움을 해결/성공/완성/기여/구현하겠습니다.

1. 역량 / 재정의

먼저 자신이 주도성이나 적극성을 가지고 있음을 역량으로 적는다. "저는 OOO한 경험을 통해 주도성/적극성을 기를 수 있었습니다." 혹은 "저는 주도성/적극성을 통해 조직/팀의 OOO한 문제를 해결한 경험이 있습니다."라고 작성하면 된다. 이어서 자신만의 주도성과 적극성을 한 줄로 간단히 정리해 재정의한다.

예시

조직의 목표를 달성함에 있어서 가장 중요한 것은 주어진 과업을 넘어 주도적으로 문제를 찾아 해결하는 주도성이라고 생각합니다. 오랫동안 유지되던 실험 도구 정리 방식을 주도적으로 개선한 경험이 있습니다.

2. 상황 (문제)

두 번째 블록에는 조직이 가진 문제에 대해 작성한다. 주도성과 적극성에도 문제는 필요하다. 단, 자신이 속했던 조직에서 발생한 문제에 한해서다. 이렇게 정리하자. "OOO에서 일할 당시 OOO한 문제가 발생했습니다."

예시

연구소에서 인턴으로 근무할 당시 실험 재료와 도구들이 정리되지 않아 필요한 재료와 도구를 찾는데 시간이 오래 걸렸습니다. 또한, 잘못된 재료와 도구를 가져오는 일이 발생해 실험 시간이 지체되거나 다시 실험해야 하는 일이 반복적으로 발생했습니다.

3. 상황 (범위와 한계)

세 번째 블록에선 업무의 범위와 한계를 쓴다. 주도성과 적극성은 자신이 맡은 범위에서 벗어나는 일을 할 때 드러나는 것이므로 내가 맡은 업무의 범위와 한계가 어느 정도였는지를 써주어야 이해가 쉽다. "인턴으로서 제 업무는 OOO이었지만 이 문제를 해결하기 위해서는 OOO을 하는 것이 필요했습니다."라고 쓰면 된다.

예시

> 인턴으로서 저의 업무는 실험 결과를 문서화하고 실험 후 정리 및 실험 보조 역할을 하는 것이었습니다.

4. 액션 (조직에 준 영향력)

이어서 내가 조직에 준 영향력을 적어 넣는다. 시키지 않은 일을 한 경험이나 업무 범위를 벗어난 경험들을 활용하면 된다. 이때 액션 하나보다는 두 개를 쓰도록 하자.

반면 '주어진 일을 열심히 한 경험'은 피해야 한다. 주어진 일을 열심히 하는 것은 당연한 일이므로 쓰더라도 아무 의미가 없다. 주도성과 적극성 항목에서는 "나는 시킨 일도 잘하지만 시키지 않은 일도 잘한다"는 것을 더욱 강조해야한다.

예시

하지만 정리방식만 바꾼다면 반복적인 재실험과 기간 지체로 인한 비용과 인력을 절감할 수 있다는 생각이 들었습니다. 문제를 해결하기 위해서는 비품 담당 연구원의 도움이 필요했고 정리방식 개선에 대한 필요성을 설득해야 했습니다. 실험 결과 문서를 통해 실험도구 오용으로 실험이 지체되거나 재실험한 빈도수가 약 20퍼센트라는 사실과 소요 시간을 줄이기 위해 품목별로 리스트 업을 하고 자주 쓰는 재료와 도구를 표시한 문서를 제출하여 설득에 성공하였습니다.

주요 실험에 사용되는 재료와 도구들을 중심으로 사용 빈도에 따라 정리하였고, 수량이 부족하지 않도록 여분을 놓는 공간을 지정하여 사전에 방지할 수 있도록 했습니다. 또한, 정리함의 구조표를 제작하여 모든 연구 부서에 발송하였고, 공유 게시판에도 협조 안내문을 게시하여 정리방식을 개선하도록 했습니다.

5. 결과

다섯 번째 블록은 결과다. 주도성과 적극성을 발휘해 조직의 문제를 해결한 결과를 채워 넣는다.

예시

그 결과 실험 재료와 도구를 오용하여 재실험하는 빈도수가 25퍼센트 줄었습니다.

6. 포부

마지막으로 포부를 쓴다. 직무를 수행하며 조직에 발생하는 문제들을 자신이 가진 주도성과 적극성을 발휘하여 해결하겠다고 쓰면 충분하다.

예시

이러한 경험을 기반으로 ○○사의 ○부분에 품질관리자로서 업무의 효율성을 높이기 위해 주도적으로 관찰하고 기여하겠습니다.

"저는 동료와 하나가 된 것처럼 호흡을 맞춰
업무를 해냈습니다."

PART 3

팀워크

팀워크를 말 그대로 풀어보면, 조직 또는 공동작업에서 협동하는 능력이다. 여기서 잠시 생각해보자. 우리는 왜 팀으로 일하는 걸까? 팀으로 일하고, 팀워크를 평가하는 이유는 비즈니스 환경에서는 혼자 할 수 있는 일이 그리 많지 않기 때문이다.

내가 채용담당자라고 생각해보자. 신입 사원 채용을 앞두고 채용 공고문을 만들어야 한다. 공고문의 디자인은 디자이너의 도움을 받아야 하고, 외부로 알리기 위해서는 마케팅 부서나 홍보 부서의 도움이 필요하다. 결국 혼자서는 공고문도 만들 수 없다. 혼자 일한 다면 내가 원하는 방식으로 일하면 된다. 하지만 다른 사람과 함께 일한다면 일하는 방식에 대해 서로가 존중해야 한다. 설령 함께 일하는 사람에게 부족함이 있다면 도와줄 때도 있어야 한다. 예컨대 함께 일하는 사람의 업무 습관과 방식의 차이를 맞춰줄 수 있느냐가 중요하다. 성격에서 비롯되는 서로 다른 업무 패턴을 맞춰가는 것이 팀워크의 핵심이다.

팀워크는 혼자 해낸 것이 아니라 함께 해낸 경험이다. 서로에게 물고기를 잡는 방법을 조언해주거나 부족한 것을 채워주는 것이다. 남의 일을 대신 떠맡아 처리해준 것은 팀워크가 아니다. 특히 흔히들 쓰는 것처럼 조별과제에서 팀원들이 일을 내팽개쳤는데 혼자 완수했다는 이야기는 팀워크나 책임감을 나타내는 사례라고 볼 수 없으니 쓰지 않도록 하자.

팀워크 경험 작성하기

1 block

역량 / 재정의
○○타인과 일을 할 때 가장 중요한 것 ○○이라는 것을 ○○ 경험을 통해 알 수 있었습니다.

2 block

상황 (조직의 목표/문제)
○○에서 일하면서 ○○을 준비하고 있었습니다. 다들 처음 함께 호흡을 맞춰보는 것이라 어색함은 있었지만 서로를 배려하며 일을 진행해 갔습니다. 그러던 중 ○○한 일이 벌어졌습니다.

3 block

액션 (조직원에게 준 영향력)
발생한 ○○의 문제는 팀원인 ○○의 ○○한 일에 대한 문제로 발생하게 되었다는 것을 확인하였습니다. 이를 해결하기 위해 팀원 ○○을 만나 원인을 확인해보니 ○○이었습니다.
팀원 ○○에게 ○○이 필요하다고 생각하였습니다.
하지만 ○○을 위해서는 ○○한 노력이 필요했습니다.
○○한 마음으로 ○○한 도움을 주었습니다.

4 block

결과
팀원 ○○은 ○○ 문제를 극복할 수 있었고, ○○ 목표를 함께 달성했습니다.

5 block

포부
○○사의 A부분에 ○○직무로서 ○○부분의 ○○어려움을 해결/성공/완성/기여/구현하겠습니다.

1. 역량 / 재정의

우선 내가 팀워크를 가지고 있음을 먼저 밝히고 시작한다. 다른 문항들과 마찬가지로 경험과 역량을 한 줄 정도로 정리한다. 이를 테면 이렇다. "저는 팀워크를 발휘해 OOO한 결과를 이끈 경험을 했습니다."

이어서 내가 생각하는 팀워크는 무엇인지 한 번 더 재정의한다. 팀워크는 재정의가 매우 중요하다. 어떻게 정의하느냐에 따라 글의 전체 방향이 바뀌기도 하고, 읽는 사람이 느끼는 바가 달라지기도 한다.

예시

팀을 이끌 때 가장 중요한 것은 공감이라는 것을 학생회 활동을 통해 알 수 있었습니다. 대학 시절 학생회 부원들의 사기를 끌어올려 팀워크를 발휘해 성공적으로 신입생 OT를 마친 경험이 있습니다.

---

2. 상황 (팀원 또는 협업자와의 갈등)

상황 블록에서는 팀원이나 협업자와의 갈등을 활용한다. 주도성과 적극성, 리더십 항목과 달리 팀워크에서는 팀원이나 협업자로 인한 문제/불편/어려움을 작성한다.

겨울방학 동안 신입생 오리엔테이션을 준비해야 했지만 방학이라는 특성상 본가에 내려가지 않은 부원들만 준비하게 되었습니다. 그 과정에서 한 부원이 방학에도 학교에 나와 오리엔테이션을 준비하는 게 힘들고, 자신들만 준비하는 게 불공평하다고 말해 분위기가 좋지 않았습니다.

3. 액션 (조직원에게 준 영향력)

액션에서는 조직원에게 준 영향력을 쓴다. 리더십과 팀워크 모두 내가 타인에게 도움이나 영향을 준 것이 핵심이다. 다만 리더십과 달리 팀워크에서는 팀원을 단순히 돕기만 한 경험이어도 괜찮다는 것이다. 리더십의 관점이 목표라면, 팀워크의 관점은 시너지이기 때문이다.

이때 주의해야 할 점이 있다. '각자 맡은 일을 알아서 잘 해낸 경험'에 대해서는 쓰지 말아야 한다. 팀원들과 벽화 그리기를 했던 경험을 예로 들어보자. 각자 맡은 부분을 열심히 그려서 결국 무사히 완성할 수 있었다고 한다면, 이 경험은 팀워크에 활용할 수 있을까? 아쉽지만 쓸 수 없다. 내가 해야 할 일을 했을 뿐, 팀으로서 협동해 이뤄낸 것이 아니기 때문이다. 작업 도중에 팀원들이 서로를 다독여주고 격려하면서 다 같이 열심히 했다는 점 때문에 팀워크처럼 보일 수도 있다. 하지만 결과적으로는 각자 맡은 부분에 최선을 다한 것뿐이다.

내가 조직원의 일에 관여해 더 큰 시너지가 일어날 때 팀워크가 생긴다. 내 할 일을 잘 했을 뿐이라면 팀워크가 아니다. 혹시라도 이런 경험을 팀워크라고 착각하고 있지는 않은지 유의하며 쓰도록 하자.

예시

> 정확한 문제를 파악하기 위해 그 부원과 저를 같은 업무로 분담하여 대화할 시간을 만들었고, 부원과의 대화를 통해 통학시간이 왕복 4시간인 것과 본가에 내려간 부원들은 업무를 하지 않아 부당함을 느낀 것이 원인이라는 것을 확인했습니다. 저는 부원의 불만을 해결해주고자 오리엔테이션을 준비하는 기간 동안 저희 집에서 머물 수 있도록 했습니다. 또한, 본가에 내려간 부원들에게 오리엔테이션 당일 업무를 배치하였고, 일러스트 작업과 물품 제작을 따로 맡겼습니다. 이를 통해 부원들은 업무 분담에 대해 수용하였고 결속력을 다질 수 있었습니다.

4. 결과

네 번째 블록에 담을 내용은 결과다. "팀워크를 발휘해 팀원을 도와 OOO한 결과를 만들었다/이끌 수 있었다"고 작성한다.

예시

> 그 결과 저희 학생회는 상대적으로 적은 인원으로도 성공적으로 신입생 오리엔테이션을 마칠 수 있었습니다. 그리고 오리엔테이션을 마친 후 진행한 만족도 설문조사에서도 단대 1위를 받을 수 있었습니다.

5. 포부

마지막 블록은 포부다. 직무를 수행하며 문제가 발생할 때 팀워크를 발휘하여 문제를 해결하겠다는 말로 마무리를 짓는다.

예시

마케팅 직무를 수행하며 목표를 향해 가는 과정에서 뒤처지고 힘들어하는 동료가 있을 수 있습니다. 이때 저의 공감하는 팀워크를 발휘하여 한 명의 동료도 낙오되는 일 없이 목표를 향해 나아갈 수 있도록 하겠습니다.

조직 경험 POINT

1. 경험을 통해 조직에 헌신할 수 있다는 점을 강조하라.
   - 조직의 목표 달성을 위해서 희생한 경험 제시
   - 목표 달성에 필요한 것이 무엇인지 고민하고 주도적으로
     실행한 경험 제시

2. 함께 해낸 경험을 바탕으로 팀워크 경험을 작성하라.
   - 도움이 꼭 필요한 팀원을 도운 경험을 강조할 것
   - 조직원에게 부족한 것을 채워준 사례를 제시
   - 조직원에게 긍정적 영향력을 미친 경험을 제시

8

타인과의 소통

"저는 동료들과의 소통을 위해서
다양한 노력을 하고 있습니다."

타인과의
소통이란

○ 타인과의 소통 항목의 이해

소통 역량은 큰 틀에서 크게 두 가지로 나뉜다. 바로 의사소통 능력(커뮤니케이션)과 설득력이다. 비즈니스 환경에서 타인과의 소통은 매우 중요하다. 회사 생활을 하며 발생하는 대부분의 문제는 의사소통 과정에서 생기는 오해로 인해 비롯된다고 해도 과언이 아니다.

우리가 소통해야 하는 대상들은 항상 우리와 같은 생각을 하지 않는다. 나이도, 성별도, 생각하는 것과 일하는 방법, 가치관까지도 모두 다르다. 그러나 그렇게 다른 사람과 소통할 수 있어야 비즈니스 과정에서 생기는 오해를 줄일 수 있다. 소통 문항에서는 두 가지를 통해 다른 사람들과 소통하기 위해 어떤 노력을 기울이고 있는지를 확인한다. 지금부터 의사소통능력과 설득력을 활용하는 방법에 대해 알아보도록 하자.

>> TIP 불통을 최소화하는 소통의 방법

1. 보충 설명하기
2. 단어를 바꿔서 이야기하기
3. 예시를 들어서 이야기하기
4. 시각자료를 활용하기
5. 내용을 다시 한 번 확인 받기

○ 인사담당자의 관점

인사담당자가 타인과의 소통 역량을 통해 확인하고 싶은 것은 무엇일까? 정확한 정보를 전달하기 위해 노력하고 있는 부분이다. 즉, 의사소통 문항을 통해 정보 전달 과정에서 발생할 수 있는 문제를 해결하고 정확한 정보를 전달할 수 있는 지원자를 찾으려 한다.

 의사소통의 오류를 막기 위해 적극적으로 노력을 하는가?

 정보 전달 과정에서 문제를 예방하거나 해결한 경험이 있는가?

의사소통에 해당하는 각 역량의 정의와 역량별 작성 방법은 다음과 같다.

역량 정의

커뮤니케이션이란?

상대방의 의견을 경청하며, 상대방의 수준과 상황을 고려하여 자신의 의견이나 정보를 정확하게 전달하는 역량이다. 또한 언어적, 비언어적 방법이나 글로써 자신의 의견이나 생각을 명확하고 논리적으로 전달한다.

---

1. 상하·좌우 간 인간관계에서 정확하게 의사를 전달하여 성과를 달성한 경험
2. 팀원의 수준에 맞게 의사를 표현하거나, 의사전달의 목적이 무엇인지 이해 시켜 성과를 달성한 경험
3. 언어 외의 다른 표현능력을 동원하여 의사전달의 왜곡을 피해 성과를 달성한 경험
4. 제대로 전달되었는지 꼭 피드백 하거나 대화를 부드럽게 이끌어 성과를 달성한 경험

설득력이란?

자신의 입장과 견해를 논리적이고 설득력 있는 방식으로 제시하여 타인들로 부터 필요한 지지와 지원을 끌어내는 역량이다. 효과적인 지지를 얻어내는 데 필요한 정보와 데이터를 효율적으로 이용하는 힘이다.

---

1. 자신의 생각과 아이디어를 설득력 있게 제시하여 상대방을 설득한 경험
2. 구체적인 시각자료, 실례, 시범 등을 통해 자기 입장을 다양한 형태로 표현한 경험
3. 어려운 상황에서도 협상을 이끌어 낸 경험
4. 개인 및 집단에 영향력을 행사하여 자신의 견해를 관철시키고 타인의 생각과 행동을 변화시킨 경험

"저는 경험을 통해 타인과의 소통을 위해
가장 중요한 부분을 배웠습니다."

커뮤니케이션

흔히 커뮤니케이션이라고 하면 상대방과의 소통, 정보를 전달하는 행위를 떠올린다. 지금 이 순간부터 이제까지 알고 있던 정의는 버리도록 하자. 커뮤니케이션 역량 문항에서 요구하는 것은 단순히 소통하고 정보를 전달하는 것이 아니다. '정도 전달 과정에서 발생하는 오류를 막기 위해 언어적, 비언어적으로 노력한 것'이다.

대부분 커뮤니케이션 역량을 소통이라고 생각한다. 때문에 자소서에도 팀원들과 회의를 하고 의견을 조율한 경험을 쓴다. 하지만 이보다는 '정보 전달 과정에서 오류를 막기 위해 힘쓴 나의 노력'을 쓰는 것이 좋다.

가령, 선생님이 수업을 진행할 때 수업의 내용을 더 효과적으로 전달하기 위해 PPT를 활용하는 것도 커뮤니케이션 역량에 해당한다. 다양한 사람들과 소통하기 위해 상대에 맞춰 소통 방식을 바꾼 경험도 마찬가지다. 군대의 복명복창도 소통의 오류를 막기 위한 매우 좋은 방법 중 하나다. 이렇게 별것 아닌 사례들을 써도 될까?

그렇다. 커뮤니케이션은 본래 별것 아닌 문항이다. 때문에 해당하는 사례만 적절히 선택한다면 쉽게 쓸 수 있다.

그렇다면 이렇게 별것 아닌 듯 보이는 커뮤니케이션 역량에 대해 왜 자꾸 물어보는 걸까? 회사에서 벌어지는 문제 중 대부분이 커뮤니케이션 과정에서 발생하기 때문이다. 내가 '아'라고 얘기해도 상대가 '어'로 알아듣기도 한다. 소통 방식으로 인해 문제가 생기는 것이다.

때문에 커뮤니케이션에는 정보를 보다 수월하게 전달하기 위해 노력한 것 외에 잘 이해하기 위해 노력한 점도 해당된다. 들은 정보를 받아 적는 것, 피드백하는 것, 들었던 말을 다시 복기하며 자신이 정확히 정보를 인지했는지에 대해 확인하는 것도 모두 커뮤니케이션을 위한 노력이다. 이 점을 꼭 명심하고, 커뮤니케이션 경험을 작성하는 방법을 살펴보도록 하자.

커뮤니케이션 경험 작성하기

1
block

역량 / 재정의
타인과의 소통에 있어서 ○○이 가장 중요하다는 것을 ○○경험을 통해서 배울 수 있었습니다.

2
block

상황 (정보 전달 오류)
○○에서 인턴으로 일할 당시 ○○과의 소통하는 일이 많았습니다. 한번은 ○○한 일을 같이 협업하면서, ○○한 문제가 발생하였습니다.

3
block

액션 (커뮤니케이션 노력)
○○한 소통 문제는 이전부터 지속적으로 발생해온 것으로 2번~3번 다시 확인해야 하는 업무 비효율성을 가지고 오고 있었습니다. 이유를 확인해보니 ○○한 부분에서 서로 착오를 일으키고 있다는 것을 확인하였습니다.
그리하여 기존 ○○한 방법으로만 소통하던 것을 ○○, ○○으로 명확한 소통을 하고자 하였습니다.

4
block

결과
그 결과 ○○한 부분에 대한 오해가 사라졌고 업무의 효율을 높일 수 있었습니다.

5
block

포부
○○사의 A부분에 ○○직무로서 ○○부분의 ○○어려움을 해결/성공/완성/기여/구현하겠습니다.

1. 역량 / 재정의

먼저 역량으로 시작한다. "저는 ○○○경험을 통해서 커뮤니케이션 역량을 길렀습니다." 또는 "○○○한 커뮤니케이션 방법으로 ○○○한 어려움을 극복한 경험이 있습니다."라고 작성하자.

재정의는 커뮤니케이션의 핵심이다. 다른 문항에서는 재정의를 생략하더라도 읽는 사람이 역량을 이해할 때 아무 문제가 없다. 하지만 커뮤니케이션은 사람마다 생각하는 정의가 다를뿐더러 대화의 과정을 다루는 것이기에 반드시 재정의를 해주어야 한다. 내가 생각하는 커뮤니케이션이 무엇인지 정의해주고, 읽는 사람도 그것을 인지할 수 있도록 꼭 재정의하는 것을 잊지 말자.

> **예시**
>
> 저는 커뮤니케이션 역량을 발휘하여 업무의 정확성을 높여 업무 시간을 단축시킨 경험이 있습니다. 제가 생각하는 커뮤니케이션은 상대방이 저에게 전달한 정보를 제가 정확히 이해했는지 확인하여 정보 전달의 오류를 방지하는 것입니다.

2. 상황 (정보 전달 오류)

상황 블록에는 의사소통이나 정보를 전달하는 과정에서 발생한 문제나 예상되는 문제를 써야 한다. 의사소통과 정보 전달 과정에서 발생한 문제를 해결할 수 있는 역량이 커뮤니케이션이기 때문이다.

그러면 어떻게 써야 할까? "○○○에서 일할 당시 구정보를 전달하여 정보의 누락이 자주 발생했습니다." 혹은 "한 번에 많은 인원에게 정보를 전달해야 해서 정보를 듣고 이해하지 못하는 사람이 발생할 것 같았습니다."라는 식으로 상황을 쓰면 된다.

예시

○○○에서 인턴으로 근무할 당시 팀장님께서 저에게 업무지시를 하실 때 전문적인 표현을 주로 사용하여 업무를 정확히 이해하는 데 어려움이 있었습니다. 그로 인해 실제 업무를 진행할 때 어떻게 처리해야 할지 몰라 팀장님께 재차 질문을 해야 했습니다. 또한 업무를 다 마친 후 보고를 드리니 팀장님께서 지시하셨던 업무의 내용과 달라 다시 업무를 처리해야 했던 적도 있었습니다.

3. 액션 (커뮤니케이션 노력)

커뮤니케이션 문항에서 액션 블록을 쓸 때는 두 가지 방향의 경험을 활용한다. '정보 전달 과정의 문제를 해결하기 위해 본인의 태도를 바꿨던 것', 그리고 '전달 방식을 바꾸거나 추가했던 것'이다.

먼저 본인의 태도를 바꿨던 경험을 살펴보자. 다른 사람에게 정보를 전달하거나 통보할 때, 단순히 알려만 주고 끝낸 것이 아니라 상대가 잘 이해했는지 확인해본 경험이 있을 것이다. 혹은 상대가 잘 이해했다고 판단했지만, 사실은 잘 이해하질 못해 결과물이 이상하게 나왔을 때 다시 자세한 설명을 해준 경험도 이에 해당한다.

두 번째로 전달 방식을 바꾼 경험이다. 이전에는 핸드폰 메신저로만 정보를 전달했었는데, 답답함을 느끼고 직접 찾아가 설명을 해주었다고 하자. 이는 정보의 전달 방식이 바뀐 것이다. 비슷한 예로 수업 시간이나 발표를 할 때 언어로만 전달하지 않고 PPT 등의 시각 자료를 활용했던 경우도 있다.

단, 주의할 점이 있다. 고객 조사를 했던 경험은 쓰지 않는 것이 좋다. 마케팅 직무를 지원할 때 고객들의 니즈를 분석한 내용을 쓰는 경우가 종종 있다. 이 경험은 커뮤니케이션이 아니라 전략적 사고나 분석력에 쓰는 편이 좋다.

피해야 할 경험은 또 있다. 학생회장 선거에 출마했을 때 지지를 얻기 위해 학생들과 직접 대화해 요구 사항을 파악한 경우를 예로 들어보자. 학생들과 소통을 했으므로 커뮤니케이션에 해당한다고 생각하기 쉽다. 하지만 이 역시도 소통으로 무언가를 해결한 것이 아니라 정보를 얻은 것이므로 고객 조사와 다를 바 없다. 이와 같은 경험은 피하는 것이 좋다.

예시

이러한 일이 몇 번 발생하다 보니 업무를 처리하는 시간이 오래 걸려 업무에 지장을 주었습니다. 저는 이 같은 문제를 해결하기 위해 업무지시를 받을 때 그 자리에서 모르는 용어에 대해 팀장님께 질문한 뒤 메모장에 적었습니다. 또한 제가 이해한 내용이 맞는지 팀장님께 말씀 드려 정확히 이해하지 못한 부분이 있으면 그 자리에서 정정할 수 있도록 했습니다.

4. 결과

결과 블록은 간단하다. 이렇게 바꾼 소통과 전달 방식으로 어떤 이득을 얻었고, 도움이 되어 좋은 결과를 얻을 수 있었음을 쓴다.

예시

이를 통해 지시사항을 잘못 이해하여 발생하는 실수를 방지할 수 있었습니다. 덕분에 업무를 다시 처리해야 하는 상황도 발생하지 않아 업무 진행 시간을 단축시킬 수 있었습니다.

5. 포부

마지막으로 포부는 이런 식으로 쓴다. "이 직무를 수행하며 ○○○한 문제가 발생할 수 있는데 저의 커뮤니케이션 역량을 발휘하여 ○○○한 방법으로 해결해 나가겠습니다."

예시

이 경험을 통해 정보를 전달 받은 것에서 끝내는 것이 아니라 정확히 정보를 이해했는지 확인하는 것의 중요성을 깨달았습니다. ○○ 직무를 수행하면서 발생할 수 있는 정보 전달 과정에서의 문제를 저의 커뮤니케이션 역량을 발휘해 해결하도록 하겠습니다.

"저는 남을 설득하는 자신만의 노하우를
갖고 있습니다."

설득력

○ 설득력 문항 이해하기

설득은 '상대의 생각을 나와 동일하도록 만드는 것'이다. 그렇다면 생각해보자. 상대방이 짜장면을 먹고 싶어한다. 그때 내가 상대방에게 짬뽕을 먹으라고 해서 상대방이 짬뽕을 먹었다고 하면 나는 설득력이 있는 것일까? 그렇다. 하지만 그 설득력이 돋보이지는 않는다. 이유가 뭘까? 상대방이 짜장면에서 짬뽕으로 의사를 바꿀 때 추가로 발생하는 시간과 비용이 거의 없어 쉽게 의견을 결정할 수 있었기 때문이다.

목표달성능력에서도 장애물을 극복하고 목표를 달성해야 의미가 있듯, 설득력에서도 상대방이 결정을 변경할 때 발생하는 손해나 리스크가 있어야 의미가 있다. 그 때문에 설득력에는 협상의 과정이 담겨 있는 경험이 잘 맞는다.

설득력은 자주 물어보는 문항은 아니다. 하지만 영업 직무를 지원한다면 자신의 강점으로 활용할 수 있음도 꼭 기억하자.

○ 설득력 경험 찾기

설득력의 핵심은 시소 관계다. 시소 관계란 서로의 가치관과 이해가 충돌하는 관계를 말한다. 설득의 과정을 생각해보자. 내가 이득을 보려면 상대가 손해를 봐야 하는데, 상대는 당연히 손해를 보려하지 않는다. 그럼에도 내가 상대방의 결정을 바꾸도록 하는 역량이 설득력이다. 이처럼 서로의 입장이 충돌하는 시소 관계가 전제될 때 설득력은 더욱 돋보일 수 있다. 설득력 항목에 활용할 경험을 선택할 때는 나의 설득으로 인해 상대방이 손해를 볼 수 있는 상황을 먼저 떠올려보자. 시소 관계가 명확하게 발휘된 경험이라면 아주 좋은 설득 사례가 될 수 있을 것이다.

대부분의 지원자들이 설득력을 발휘한 경험을 찾을 때 시소 관계를 간과한다. 대표적인 예로 팀프로젝트 경험이 그렇다. 팀 프로젝트에서 주제를 정하던 도중, 팀원끼리 서로 다른 주제를 주장하며 의견 충돌이 발생한 경우다. 이때 자신이 나서서 자료 조사를 하고, 팀원들에게 의견을 제시해 자신이 정한 주제로 결정이 되었던 경험을 설득력을 발휘한 사례로 쓴다. 이는 초반에 주장의 근거가 미흡했던 것이지 나의 설득력이 빛난 경험이라고는 보기 어렵다.

상사를 설득한 경험도 마찬가지다. 상사에게 기획안을 제출했을 때 처음에는 거절당했지만, 다시 제출했을 때는 승인을 받은 상황이라고 하자. 이때 많은 지원자들이 상사를 설득해 승인을 받은 것이기 때문에 설득력을 발휘한 경험이라고 생각한다. 하지만 상사와 나는 애당초 시소 관계에 있지 않다. 둘 다 같은 목표를 향해 달려

가는 조직 안에 속해있기 때문이다. 이 역시도 앞서 거절당한 이전 제안서의 근거가 약했을 뿐이다.

그렇다면 설득력에는 어떤 경험을 활용하는 게 좋을까?

예를 들어보자. MT 숙박 장소를 정해야 하는데 예산이 100만 원밖에 없다. 하지만 숙박 업소 주인은 150만 원을 달라고 한다. 이때 주인을 설득해 주어진 예산 안에서 숙박 장소를 예약하는 데 성공했다면 어떨까? 내가 득을 보면 숙박업소 주인이 손해를 보고, 숙박업소 주인이 득을 보면 내가 손해를 본다. 시소 관계가 성립되는 것이다. 그러므로 설득력을 돋보이게 하는 사례로 적격이다.

여기서 만약 업소 주인과 내가 한 발씩 양보를 했다고 하면, 이는 설득력이 아니라 협상력에 가까운 사례가 된다. 내가 유리한 결과를 얻어냈을 때 설득력으로 작성할 수 있음을 잊지 말자.

설득력 경험 작성하기

1 block

역량 / 재정의
○○에서 ○○한 문제를 ○○을 설득하여 ○○한 결과를 만든 경험이 있습니다. 타인을 설득하기 위해서는 ○○이 가장 중요하다고 생각합니다.

2 block

상황 (문제)
○○에서 인턴으로 일할 당시 ○○해야 하는 과업을 담당했습니다. ○○을 설득하기 위해 ○○했으나 전혀 설득이 되지 않았습니다.

3 block

액션 (설득 과정)
○○이 거절한 이유를 생각해 보기 위해 과거를 돌이켜보니, ○○한 이유 때문에 설득이 되지 않았다고 결론 내릴 수 있었습니다. ○○을 다시 만나기 위해 회사로 찾아갔습니다.
○○과 대화를 하면서 ○○한 이유가 맞는지 확인했고 예상했던 것과 같게 ○○에 대한 불안으로 제안에 응할 수 없었습니다. ○○의 불안을 해소하기 위해 ○○에 대해 말했고 ○○을 제안했습니다.

4 block

결과
그 결과 ○○은 제가 제안한 ○○을 받아들였고 오히려 감사의 표현까지 하기도 하였습니다.

5 block

포부
○○사의 A부분에 ○○직무로서 ○○부분의 ○○어려움을 해결/성공/완성/기여/구현하겠습니다.

1. 역량 / 재정의

먼저 역량으로 시작한다. "저는 제가 가진 설득력으로 ○○○한 결과를 만든 경험이 있습니다." 혹은 "저는 ○○○한 경험을 통해 설득력을 길렀습니다."라고 쓴다.

다음으로 역량을 재정의한다. 이때 반드시 '나만의 설득 노하우'가 있어야 한다. 설득력은 상대와 대화를 나누는 상황에서 발휘되는 능력이다. 대화 중에 내가 어떤 액션을 했는지를 잘 설명해주지 않으면 자소서를 읽는 사람에게 내 말을 설득력 있게 전달할 수 없다. '나만의 설득 노하우'를 활용해 역량을 재정의하면, 내가 취한 액션의 의미를 보다 쉽게 이해시킬 수 있다.

이를테면 이런 것이다. "상대방을 설득하기 위해서는 보이지 않는 숨겨진 의사결정 요소를 파악하는 것이 중요합니다."라고 작성한다. 이것이 바로 나만의 설득 노하우다. 이때 재정의와 역량을 작성하는 순서는 바뀌어도 무관하다.

> **예시**
>
> 카페 브랜딩 프로젝트에서 주요 의사결정자를 설득하여 나만의 브랜딩을 한 경험이 있습니다. 이 경험을 통해 타인을 설득하기 위해서는 주요 의사결정자를 파악하는 것이 중요하다는 것을 배웠습니다.

2. 상황 (문제)

다음으로 상황을 쓴다. 내가 상대방을 설득해야 했던 당시의 상황을 활용하면 된다. 설득력의 핵심인 시소 관계를 강조해주는 것도 좋다. 설득해야 하는 상대와 내가 시소 관계에 있었음에도 불구하고 설득해냈다는 것으로 설득력을 더욱 부각시킬 수 있다.

예시

학부 시절 서울시의 카페 브랜딩 프로젝트에 참여했습니다. 일반적인 공모전과 달리 브랜딩 프로젝트는 실제 클라이언트가 존재했고, 저의 경우 클라이언트인 카페 매니저가 상품 패키지 디자인에 대한 결정을 번번이 바꿔 프로젝트 진행이 늦춰졌습니다.

3. 액션 (설득 과정)

세 번째 블록은 액션이다. 설득의 과정을 액션을 중심으로 작성한다. 상대방을 설득하기 위해 했던 행동이나 말을 활용하자. 시소 관계에 있는 상대방을 설득하는 것이기 때문에 과정이 순탄하지만은 않았을 것이다. 그 과정에서 어떤 어려움이 있었고, 어떤 설득 노하우로 그 어려움을 극복했는지에 대해 쓰면 더욱 좋다.

예시

이 문제를 해결하기 위해 매니저님과 사적으로 술자리를 가지며 결정이 번복되는 이유에 대해 확인하였습니다. 그 결과 번복된 결정은 매니저님의 의사가 아닌 카페 사장님의 의사이며 디자인 요소에 특히 관심을 가지고 있음을 알게 되었습니다. 또한 전달과정에서 저의 의사가 제대로 전달이 되지 않아 오류가 발생하고 있다는 것을 알수 있었습니다 사장님께서는 디자인에 여러 요소를 추가하여 사람들의 이목을 끌고 싶어했지만 저는 오히려 단순하고 깔끔한 디자인이 사람들의 이목을 끌 수 있다고 생각했습니다.

매니저님과 대화 이후 저는 결정 번복의 원인인 사장님을 설득해야 한다고 생각했습니다. 먼저, 디자인 회의 시간에 사장님께 꼭 참석을 부탁드렸습니다. 또한 원하는 디자인 요소에 대해 의견을 들었습니다. 포인트 컬러로 준비했던 저와는 달리

화려한 색감을 통해 이목을 끄는 디자인을 원한다는 것을 알게 되었습니다. 사장님을 설득하기 위해 최근 성장하고 있는 10개의 브랜드의 콘셉트를 정리하고, 시뮬레이션을 통해 현재 내부 인테리어와 포인트 컬러의 조화를 강조했습니다.

4. 결과

다음으로 나만의 설득 노하우를 발휘해 상대를 설득한 행위의 결과를 적는다. 상대를 설득한 결과, 상대가 의견을 굽히고 내 의견을 따랐다거나 내가 득을 보게 된 것에 대해 쓴다.

예시

그 결과 저의 의견대로 디자인은 단순하게 하고 컬러로 포인트를 주는 것으로 결정하여 소비자들의 이목을 끌 수 있는 상품 패키지를 만들었고 매출 15퍼센트를 상승시키는 결과를 얻었습니다.

5. 포부

마지막 블록은 포부다. 이 블록에는 직무를 수행하며 어떤 사람을 설득할 일이 발생했을 때 내가 가진 설득력을 발휘하겠다는 식으로 쓰도록 한다. 그 설득력을 어떻게 발휘할 것인지에 대해 보충하는 것도 좋다.

예시

○○문고에 입사하여 HRM 직무를 수행할 때 교육에 참여하도록 직원들을 설득해야 할 일이 발생할 수 있습니다. 이때 저의 설득력을 발휘해 직원들의 교육 참여율을 높이겠습니다.

타인과의 소통 POINT

1. 정확한 정보 전달을 위한 노력을 강조하라.

  - 의사소통의 오류를 막기 위해 적극적으로 노력하는 모습 강조
  - 정보 전달 과정에서 문제를 예방하거나 해결한 경험 쓰기

2. 상대방을 설득하기 위해서 노력했던 경험을 서술하라.

  - 상대방을 설득하기 위해 했던 행동과 말을 기술
  - 자신의 설득 노하우도 함께 설명

9

그 외 역량

직업 윤리

"저는 우연한 경험에서 직업윤리란 무엇인지
깨닫게 되었습니다."

직업
윤리

○ 직업윤리 문항 이해하기

지금까지 기본문항부터 성과 지향성, 논리적 사고력, 조직 경험, 의사소통에 해당하는 역량들에 대해 살펴보았다. 마지막 챕터에서는 작성하기 어려운 역량을 추가적으로 다뤄보려고 한다. 바로 직업윤리다.

직업윤리는 주로 공기업이나 사기업 중에서 갑을 관계에 대해 리스크를 안고 있는 회사에서 물어본다. 하지만 사실 명확하게 평가할 수 있는 문항은 아니다. 과거의 윤리적 행동이 미래의 윤리적 행동과 직결되는 것은 아니기 때문이다. 즉, 과거에 윤리적으로 행동했다고 해서 미래에도 윤리적일 것이라고 확실할 수 없다는 의미다. 그래서 사기업에서는 일반적으로 윤리 문항을 자소서에 포함하지 않는다.

○ 직업윤리 문항을 가장 쉽게 쓰는 3가지 방법

직업윤리 문항을 잘 쓰는 방법은 뭘까? 지원한 회사나 직무에서 발생할 수 있는 윤리적 갈등의 사례를 동일하게 적는 것이다. 하지만 이렇게 쓸 수 있는 경우는 극히 드물다. 대신 다음과 같은 세 가지 방법을 활용한다면 쉽게 작성할 수 있다.

먼저 윤리를 지키기 어려운 상황에서 유혹에 빠지지 않고 극복하여 윤리를 지켜낸 경험을 쓰는 방법이다. 쉽게 말하자면 내 손해를 감수하고 정직함을 지켰던 일을 말한다. 예를 들어 동료들을 평가하는 일을 하게 되었다고 하자. 이때 선배나 선임이 평가점수를 올려달라고 부당하게 요구했지만, 내 윤리를 지켜 요구에 응해주지 않았던 경험이 있었다면 이 문항에 활용할 수 있다. 두 번째는 유혹을 뿌리치지 못해 윤리를 지키지 못했지만, 이후에 반성했던 경험을 쓰는 방법이다. 마지막으로 세 번째는 타인의 유혹에 넘어가 윤리를 지키지 못했고, 그 때문에 괴로움을 느꼈던 경험에 대해 쓴다.

윤리 문항을 작성할 때는 대부분 첫 번째 방법을 활용한다. 자신이 윤리적이고 정직한 사람이라는 것을 강조하기 위해서다. 하지만 이 점에 집착한 나머지 거짓말을 하게 될 수도 있다.

사람은 누구나 유혹에 빠질 수 있다. 중요한 것은 그 후에 반성하는 태도다. 순간의 유혹에 넘어가 실수를 저질렀지만, 계속 반성하며 깨닫게 된 점이 있다면 그 부분을 솔직하게 적어도 좋다.

윤리 문항은 특별한 것을 보기 위함이 아니다. 지원자가 앞으로도 범법 행위나 윤리적으로 옳지 못한 행위를 하지 않으리라는 것을 확인하려는 문항이기 때문이다.

직업윤리 경험 작성하기

1
block

역량 / 재정의
○○에서 ○○에 유혹에서 신념을 지켜 더 큰 유익을 가져온 경험이 있습니다. 윤리/원칙을 지키기 위해서는 ○○이 가장 중요하다고 생각합니다.

2
block

상황
○○에서 일하면서 ○○을 담당하였습니다.
○○한 과업은 ○○한 과정을 담당하고 있어서 ○○한 유혹에 빠지기 쉬운 자리였습니다. ○○한 일이 발생하였습니다.
○○한 고민이 들기 시작했습니다.

중요!

3
block

액션
○○의 불법 여부를 확인해 보는 것이 먼저라고 생각했습니다.
그래서 ○○을 통해서 확인해 보고자 하였습니다.
○○의 경우 관련 내규가 없는 사각지대의 문제라는 것을 알 수 있었습니다. ○○을 속인다고 해도 아무도 알 수 없는 상황이었습니다. 저는 ○○하고 싶은 생각이 들었습니다.
○○을 한다면 금방 ○○이 문제가 생길 것이라 생각이 들었습니다.

중요!

4
block

결과 (깨달은 점)
신념대로 ○○을 지킬 수 있었고, 오히려 ○○을 얻는 결과까지 얻게 되었습니다. 이처럼 ○○은 ○○이라고 생각합니다.

5
block

포부
○○사의 A부분에 ○○직무로서 ○○부분의 ○○어려움을 해결/성공/완성/기여/구현하겠습니다.

1. 역량 / 재정의

첫 번째 블록에서는 내가 가진 역량을 쓴다. 나의 경험과 역량을 한 문장으로 정리해서 작성하면 된다. 평소 생각하고 있던 직업윤리에 대한 재정의도 덧붙인다.

예시

원칙이 무너지지 않기 위해서는 처음 문제가 생겼을 때 막는 것이 중요합니다. 학군단 인사참모를 하며 단장님의 부대운영비 횡령을 막은 경험이 있습니다.

2. 상황

다음으로 윤리를 지켜냈던 상황, 윤리를 지키지 못했던 상황 등 액션이 발생하기 직전의 상황을 쓴다.

예시

대학시절 학군단 생활을 하면서 인사참모의 역할을 수행했습니다. 인사참모는 비용 사용의 주된 권한을 가지고 있었습니다. 어느 날 단장님과의 전체 회식이 있는 날이었습니다. 회식을 마치고 부대운영카드로 결제를 하였고, 회식은 마무리가 되었습니다. 이튿날 단장님은 저를 불러 다른 부대운영카드를 주면서 재결제하고 전날 결제한 카드의 금액은 현금으로 바꿔 가지고 오라는 명령을 내리셨습니다.

3. 액션 (설득 과정)

이어서 액션 블록이다. 앞서 말한 세 가지 유형의 경험 중 내가 선택한 경험에 가장 부합하는 액션을 작성한다. 만약 첫 번째 유형의 경험을 활용하기로 했다면 내가 윤리와 원칙을 지키기 위해 노력했었던 것에 관해 쓴다. 두 번째 유형은 내가 윤리를 지키지 못했지만 그 과정에서 반성하고 깨달은 것을 활용한다.

마지막으로 윤리를 지키지 못해 괴로움을 느낀 것에 대해 쓰는 세 번째 유형의 경험이다. 이때는 주변 사람이 유혹에 넘어갈 때 내가 옆에서 잡아주지 못해 그 사람을 막지 못했고, 그로 인해 그 사람이 큰 곤란을 겪는 모습을 보며 괴로움을 느꼈다는 내용으로 작성한다.

예시

무엇인가 이상한 마음이 들어 담당하는 훈육관님께 이 사실을 말씀드렸습니다. 내가 해도 되는 일인지 확인해보니 부대 운영비용을 현금화하기 위한 불법적인 방법이라는 것을 알게 되었습니다. 잘못된 일이라는 것을 알지만 훈육관님은 "그냥 해드려"라는 말뿐이었습니다. 잘못되었다는 판단이 들었지만 단장님의 명령을 거역하는 것은 어려웠습니다. 소신을 지킨다고 나섰다가 앞으로 남아있는 1년간의 학군단 생활이 어려워질 것이 불 보듯 뻔했습니다. 결국 회식 장소로 가서 현금으로 환불해줄 것을 요청하였습니다. 주인은 늘상 있던 일이라면서 카드 수수료로 10퍼센트를 자신이 가지고 나머지만 환불해주겠다는 이야기를 하였습니다. 너무나 큰 액수를 요구하는 술집 아주머니를 보니 불법행위를 막을 좋은 생각이 떠올랐습니다.

이에 단장님께 바로 찾아갔습니다. 술집 아주머니가 불법인 것을 알고 높은 수수료를 요구했다는 이야기를 전하면서 조심스럽게 불법이라서 그런 것 같다는 이야기를 꺼냈습니다. 단장님은 그런 것 하나 제대로 못하냐며 혼을 내시긴 하셨지만 이후에는 저에게 그런 무리한 요구를 전혀 하지 않으셨습니다.

4. 결과

네 번째 블록에서는 윤리를 지킨 후, 혹은 윤리를 지키지 못하고 반성한 후에 벌어진 일의 결과를 쓴다. 윤리를 지키지 못한 주변 사람을 지켜본 후 나에게 일어난 변화에 대해 써도 좋다.

예시

순간의 편함을 위해 그때의 제안에 넘어갔다면 계속적인 요청과 더한 요구가 있었을 것이라고 생각합니다. 불법적인 제안에 순간 넘어가 실행했던 제 자신이 정말 부끄러웠습니다. 하지만 결국 유연하게 대처하여 불법을 막을 수 있어서 자부심을 느끼기도 하였습니다. 이후 군생활에서도 다양한 크고 작은 윤리적인 갈등이 생길 때면 이때의 사건을 기억하고 나만의 기준을 삼아 이겨낼 수 있게 되었습니다.

5. 포부

마지막 블록이다. "앞으로 직무를 수행함에 있어 OOO한 유혹이 있더라도 넘어가지 않고 윤리를 지키겠다"는 나의 포부를 당차게 밝힌다.

예시

□□리테일에 입사하여 업무를 수행할 때 정직함을 지키기 힘든 유혹이 있을 수 있지만 저는 위의 경험을 통해 배운 정직함의 중요성을 되새기며 윤리를 지킬 수 있도록 하겠습니다.

부록

이런 역량은 쓰지 말자

앞으로 수없이 많은 자소서를 쓰는동안 내가 직접 역량을 선택해야 하는 경우를 자주 마주할 것이다. 이를 오픈형 문항이라고 한다. 예를 들면 "지원한 직무에 가장 필요한 역량이 무엇이라고 생각하며, 해당 역량을 기르기 위해 어떤 노력을 했는가?" 같은 것이다.

이와 같은 오픈형 질문에서는 직무 역량에 걸맞는 역량을 선택해 작성하게 된다. 이때 쓰기 어려운 역량과 쓰지 말아야 하는 역량은 피해야 한다. 아래 항목들을 살펴보고 이런 역량은 반드시 피해가도록 하자.

사용 여부를 잘 판단해야 하는 역량

꼼꼼함/치밀함/계획력/기획력

이들 역량은 대부분의 경우 동일한 의미로 쓰이며 표현하기가 까다롭고 내용을 잘못 짚는 경우가 많다. 꼼꼼하게 되짚어보고 오류를 찾아냈다는 식의 예시는 역량을 보여주지 못한다는 점을 기억하자. 이들 역량은 모든 문제 상황을 예상하고 경우의 수를 세우고, 현실에서 내가 가진 플랜 중 한 가지 상황이 발생했을 때 사용할 수 있다. 문제를 예측하고 미리 대비해서 돌발 상황을 막았다는 내용으로 액션 파트를 정리하면 훌륭하게 역량으로 인정받을 수 있다.

쓰기 좋지만 어려운 역량

1. 실행력

실행력은 쓰기가 매우 어렵다. 역량을 드러내는 조건이 까다롭기 때문이다. 우리는 '실행력이 빠르다'는 표현을 자주 쓴다. 실행력은 어떤 계획을 착수하는 힘이고, 빠를수록 좋다. 때문에 쓰기가 매우 어렵다. 빠른 실행력을 내세우기 위해선 최소한 1년에서 2년에 걸쳐 실행한 사례가 필요하다. 그래야 그 일의 속도가 드러나기 때문이다. 대부분은 이 점을 간과하고 하루나 이틀 정도 빠르게 실행한 것을 사례로 활용하는데, 이는 적절하지 않다.

"여러 가지 일을 직접 몸으로 부딪쳐 보았다"는 것을 실행력의 사례로 활용하기도 한다. 경험 자체는 실행력으로 볼 수 있으나 이는 사실 열정에 더욱 가까운 사례이므로 적절하지 않다.

실행력을 드러내기에 가장 좋은 사례는 "빠른 실행력으로 다양한 시도를 했던 경험"이어야 한다. 창업을 해서 일정 기간 사업체를 꾸려 보았거나 장기적인 프로젝트를 수행하던 중에 다양한 시도를 통해 실패와 성공을 경험한 것을 활용한다면, 실행력을 돋보이게 하는 매우 좋은 답이 될 것이다.

2. 치밀성

치밀성 역시 쓸 수 있다면 좋지만, 작성하기가 매우 까다로운 역량이다. 구성도 힘들다. 치밀함을 부각하기 위해서는 향후 발생할 문제 상황을 미리 예측하고 준비했던 경험을 써야 한다.

백화점 인턴으로 근무하면서 야외 행사를 준비한다고 가정하자. 우선 상황 블록을 작성하며 야외 행사에서 발생할 수 있는 문제들을 예상해서 미리 대비하는 과정을 드러내고, 액션 블록에서는 그 상황 중 하나가 실제로 발생하여 나의 치밀성이 드러나도록 써야 한다. 조건도 까다롭거니와 구성도 만만하지 않아 가급적 치밀성은 피하는 것이 좋다. 하지만 신입사원으로서 매우 중요한 역량이기에 잘 쓸 수 있다면 좋은 평가를 받을 수 있는 항목이기도 하다.

한정적으로 사용되는 역량

1. 수치 감각

재무 분석, 원가를 고려해 판매한 일, 혹은 재무 숫자에 따라 의사 결정을 내린 일 등은 수치 감각을 드러내는 경험이다. 매우 중요한 역량이지만, 재무와 구매 관련 직무에 지원하는 경우에만 한정되므로 해당 직무 지원이 아니라면 피해도 무방하다.

2. 고객지향

고객지향 역시 고객과 접점이 있는 직무에서만 사용하는 역량이다. 스토어 매니저, 점장 같은 직무를 이른다. 해당 직무 지원자라면 드러내는 것이 좋다. 고객의 필요를 먼저 깨닫고 고객의 서비스에 반영한 사례를 작성하자.

고객지향은 다른 역량과 혼동하여 잘못 작성하는 경우도 많다. 간혹 고객지향 경험을 전략적 사고로 활용하는 지원자가 있다. 고객들의 니즈를 파악해 니즈에 맞춰 상품을 기획하고 개발한 경험은 고객지향도, 전략적 분석도 아닌 문제해결력에 해당한다.

쓰지 말아야 하는 역량

쓰지 말아야 하는 역량은 신입사원의 필수 역량이 아니거나 자소서에서 표현이 불가능한 역량을 말한다. 그 역량에 꼭 맞는 경험이 없다면 우선 순위에서 제외하는 것이 좋다.

1. 의사결정

간혹 의사결정을 쓰는 경우가 있다. 의사결정은 신입사원에게 요구하는 역량이 아니다. 이 역량의 본질을 착각해 주어진 자원들을 파악하고, 가진 자원들을 종합적으로 판단해 의사결정을 했던 경험을 쓰는 경우가 있다. 이는 의사결정역량이 아니라 자원관리역량이다. 의사결정, 통찰력 등 다양한 경험에서 나오는 역량들은 신입으로 지원할 때는 지양하는 것이 좋다.

2. 계획력과 기획력

계획력과 기획력은 보통 계획을 세우고 기획을 하는 순간 경험이 끝나버린다. 때문에 액션을 쓰기 어렵다. 만약 실행한 액션이 들어가게 되면 그때부터는 계획력과 기획력이 아닌 추진력에 해당되는 경우가 많다.

3. 적응력

해외에 거주한 경험이 있는 지원자들이 적응력을 자주 활용한다. 하지만 적응력은 적응을 못할 때 문제가 될 뿐이지, 적응을 잘 한다고 해서 더 좋은 평가를 받는 것이 아니다. 빠른 적응력은 좋지만 자소서에 녹이기도 쉽지 않다. 굳이 어려운 길을 갈 필요는 없다. 우선순위에서 뒤로 미루자.

녹음 기능을 활용하자

책을 읽는 동안 배운 점과 느낀 점은 많은데 막상 여기에 맞춰서 글로 자소서를 쓰려니까 안 된다는 이들이 있다. 글재주가 없어서, 너무 멋있는 문장을 쓰고 싶어서 망설이다가 못 쓰게되는 경우가 많은데 이런 경우에는 육성으로 이야기를 풀어내보고 그걸 녹음하는 것을 추천한다. 녹음본을 옮겨 적으면서 전체적인 내용을 되짚어보게 되는 효과가 있어 충분한 내용과 정제된 글을 쓸 수 있게 된다.

자소서 체크리스트

고민하고 또 고민해서 열심히 자소서를 완성했다. 다음으로는 무엇을 해야할까? 바로 지원하기? 아니다. 지원 전에 먼저 내가 쓴 자소서가 잘 쓴 자소서인지를 확인해야 한다. 주변에 보여주고 피드백을 받으면 될까? 취업 컨설턴트를 찾아갈까? 모두 틀린 방법은 아니지만 시간과 비용을 써야 한다. 그래서 자소서를 평가할 수 있는 체크리스트를 준비했다.

자소서 체크리스트는 총 두 번에 걸쳐 진행한다.

첫 번째는 소재를 검토하는 단계다. 6단계의 내용을 확인하며 내가 작성한 소재가 명확히 잘 드러나는지 확인해보자. 소재 체크리스트를 모두 통과하지 못했다면 가독성 체크는 의미가 없다. 잘못된 부분이 있다면 수정하자.

소재 체크리스트를 통과했다면 이제 글을 다듬어야 한다. 두 번째 체크리스트를 통해 내 자소서의 가독성을 확인하자. 이때 내가 쓴 각 문항은 30초 안에 읽어야 한다. 만약 30초 안에 읽을 수 없거나 내용이 파악되지 않으면 읽는 사람의 독해 능력이 떨어지는 것이 아니라 글을 잘못 쓴 것이다.

이 두 개의 리스트는 자소서를 다 작성한 후 스스로 내 자소서를 평가할 수 있도록 구성했다. 스터디 모임에 참여하고 있다면, 이 리스트를 활용해 서로의 자소서를 평가해줘도 좋다. 먼저 소재를 체크한 다음에 가독성을 체크한다. 만약 시간이 부족하다면 소재 체크리스트만이라도 꼭 진행하도록 하자.

소재 체크리스트

- ✓ **(역량/재정의)** 문항 의도에 맞는 정확한 소재를 선택하였는가?

- ✓ **(역량/재정의)** 선택한 소재가 직무의 핵심역량과 일치하는가?

- ✓ **(상황)** 문제 또는 목표가 명확한가?

- ✓ **(액션)** 소재의 '핵심 키워드'가 명확하게 보이는가?

- ✓ **(액션)** 한 문항에서 한 개의 역량을 말하고 있는가?

- ✓ **(액션)** 상황과 내가 취한 행동의 내용이 논리적으로 맞는가?

가독성 체크리스트

- ✓ 소제목이 역량 키워드와 전체 내용을 함축적으로 담고 있는가?

- ✓ 전체 내용에서 액션이 주를 이루고 있는가?

- ✓ 액션이 머릿속에 그려지도록 묘사되어 있는가?

- ✓ 경험의 디테일한 내용이 숫자로 표현되어 있는가?

- ✓ 문단이 명확하게 구분되어 읽는 사람이 불편함은 없는가?

- ✓ 결과가 객관적으로 명확한가?

맺음말

책을 볼 때 맺음말까지 모두 읽는 사람은 그리 많지 않다. 맺음말이 중요하지 않아서가 아니라 책을 살 때의 마음과 읽을 때의 마음이 다르기 때문에 끝까지 의지를 갖추고 읽는 경우가 많지 않기 때문이다. 지금 당신이 책을 중간쯤 읽다가 참지 못하고 맨 뒷장을 펼쳐본 경우가 아니라 모든 페이지를 읽은 다음 이 글을 보고 있다면 이미 준비를 마치고 취업 앞에 서있다고 생각해도 좋다. 그런 당신에게 한마디 조언을 해주고 싶다.

취업은 승자와 패자가 나뉘는 전쟁이 아니다.

많은 취준생이 총을 들고 상대방과 싸워야 하는 FPS 게임처럼 취업을 준비한다. 하지만 취업준비는 상대방을 이기는 게임이 아니라 나와의 싸움이다. 어릴 적 슈퍼마리오를 해본 적이 있는가? 혼자만의 장애물을 넘어서 왕까지 도달해 결국 목표를 달성하는 혼자만의 싸움이다.

이런 외로운 취업 준비 기간 동안 단순하게 취업 여부를 따지는 것을 넘어서 나는 어떤 사람인지, 앞으로 어떤 방향으로 인생을 걸어 가야 할지 스스로 묻고, 고민해보는 시간으로 활용하기를 바란다. 그렇게 되면 현재의 노력이 미래를 바꾸는 놀라운 체험을 할 수 있을 것이다.

GO ABOVE AND BEYOND!

너는 생각보다 자소서를 잘 쓴다

발행	2023년 1월 2일 개정 1판 1쇄
지은이	복성현
책임편집	주식회사 D3 편집팀
출판사	주식회사 D3
출판 브랜드	Mind3
출판등록	제 2019-000094호 (2018년 8월 3일)
주소	서울특별시 강남구 역삼로 17길 32
전화	02-6401-3577
인쇄	(주)상지사
ISBN	979-11-964587-5-1
값	19,000 원

* 이 책의 내용에 대한 재사용은 저작권자와 주식회사 D3의 서면 동의를 받아야만 가능합니다.
* 잘못 만들어진 책은 구입하신 곳에서 바꿔 드립니다.
* Mind3은 주식회사 D3의 출판, 교육 브랜드입니다.